Manuel Capelo, Víctor González
and Francisco Lara

Cambridge IGCSE™

Spanish as a Foreign Language

Workbook

CAMBRIDGE
UNIVERSITY PRESS

University Printing House, Cambridge CB2 8BS, United Kingdom

One Liberty Plaza, 20th Floor, New York, NY 10006, USA

477 Williamstown Road, Port Melbourne, VIC 3207, Australia

314–321, 3rd Floor, Plot 3, Splendor Forum, Jasola District Centre, New Delhi – 110025, India

79 Anson Road, #06 -04/06, Singapore 079906

Cambridge University Press is part of the University of Cambridge.

It furthers the University's mission by disseminating knowledge in the pursuit of education, learning and research at the highest international levels of excellence.

www.cambridge.org
Information on this title: www.cambridge.org/9781108728119

First published 2017
Current edition 2019

20 19 18 17 16 15 14 13 12 11 10 9 8 7 6 5

Printed in Great Britain by CPI Group (UK) Ltd, Croydon CR0 4YY

A catalogue record for this publication is available from the British Library

ISBN 978-1-108-72811-9 Paperback

Contenidos

1.1: Yo y mis cosas

1 Completa las frases con un pronombre interrogativo del cuadro.

¿Quién/es?	¿Cómo?	¿Cuántos/as?	~~¿Dónde?~~ / ¿De dónde? /
¿A dónde?	¿Qué?	¿Cuándo?	¿Cuál/es? ¿Por qué?

a ¿..........Dónde.......... viven tus amigos Carlos y Luis?

b ¿.............................. hermanos tienes?

c ¿.............................. haces este fin de semana?

d ¿.............................. no te gustan los animales?

e ¿.............................. vas a la escuela desde tu casa?

f ¿.............................. habitaciones tiene tu casa?

g ¿.............................. es tu dirección de correo electrónico?

h ¿.............................. vas a ir estas vacaciones?

i Mi profesor es el Sr. García ¿.............................. es el tuyo?

j Yo soy inglesa. Y tú, ¿.............................. eres?

2 En parejas o en grupos. Tirad un dado y formulad preguntas de forma oral. Los puntos del dado indican el pronombre interrogativo que debéis usar.

1 ¿Dónde?   **2** ¿Qué?   **3** ¿Quién?   **4** ¿Por qué?   **5** ¿Cuál?   **6** (Comodín)

Ejemplo:
¿Qué haces normalmente el domingo?

3   Concordancia sustantivo → adjetivo

Completa el cuadro. Transforma los adjetivos según el género (masculino/femenino) y el número (singular/plural) de los sustantivos.

a	Carlos es <u>español</u>.	→	**a**	María es <u>española</u>.
b	Mis hermanas son	→	**b**	Mi hermano es simpático.
c	Tengo una bicicleta roja.	→	**c**	Tengo tres bicicletas ....
d	Vivo en una casa	→	**d**	Vivo en un piso pequeño.
e	Mi madre es una profesora estricta.	→	**e**	Mi padre es un profesor muy ....
f	Los amigos .... de Carlos son muy		**f**	La amiga francesa de Carlos es muy divertida.
g	Me gustan los perros grandes.		**g**	Me gusta este perro ....
h	Los gatos son		**h**	El gato de Luis es travieso.
i	Estudio en un colegio internacional.		**i**	Estudio en una universidad ....
j	El teatro es un pasatiempo muy creativo.		**j**	La música es una actividad muy ....

4   Completa este texto con las palabras que faltan.

Quito, 12 de enero de 2018

Hola Isabel. ¿Cómo ....*estás*....... ? Espero que bien. Con esta carta me presento. Mi

.... es Samuel y .... ecuatoriano. .... quince .... y mi

.... es el 12 de diciembre.

.... en la .... de Ecuador, Quito, con mis padres y mi hermana en una

casa cerca de la playa. Mis padres .... Marcela y Miguel y mi hermana ....

Luisa. Luisa .... doce años y .... muy simpática y habladora. Mis

.... son el fútbol y la música. Típico de chicos, ¿no? Bueno, también ....

salir con amigos, claro.

¿Y tú? ¿ .... es tu familia? ¿ .... son tus aficiones? ¿Dónde .... ?

¿ .... estudias? ¿ .... eres?

Un abrazo y ¡hasta pronto!

Samuel

5 **En parejas. Deletrea de forma oral estos correos electrónicos. Un alumno es A y el otro es B.**

A	B
Manuelarodriguez21@meil.com	carlitosromerales@yatú.es
123pedrogato@ele.es	Chelolupeg@net.net
Luisdelasierraverde@arroba.org	Rociozapatera007@gnet.com

6 **Ordena estos diálogos y escríbelos en tu cuaderno. Luego, represéntalos con un(a) compañero(a).**

Diálogo 1

Enrique	Monique
..........1.......... Hola. ¿Eres nueva en el colegio?	.... Soy francesa. De Lyon. ¿Y tú?
.... Gracias. ¿De dónde eres, Monique?	.... Sí. Hoy es mi primer día aquí.
.... Yo soy español. ¿Qué edad tienes?	.... Mi nombre es Monique. ¿Y tú, cómo te llamas?
.... !Bienvenida! ¿Cómo te llamas?	.... Tengo 16 años. ¿Y tú?
.... ¡Yo también!	.... ¿Quique?... Me gusta tu nombre.
.... Enrique, aunque todos me llaman Quique.	.... Muchas gracias.

Diálogo 2

Profesora	Catalina
..........1.......... Buenos días. ¿Cuál es tu nombre?	.... El 18 de julio de 1999.
.... Muy bien, con eñe. ¿Y cuáles son tus aficiones?	.... Catalina López Peña.
.... ¿Y cuál es tu fecha de nacimiento?	.... Tengo muchas. Me gusta la música y jugar al tenis.
.... ¿Pena?	.... De nada. Adiós.
.... Perfecto. De momento eso es todo. Gracias.	.... No. Peña. Con eñe.

7 Imagina a una familia. Escribe un texto sobre ella con sus nombres, edades, dónde viven, aficiones y toda la información que puedas imaginar. Escribe al menos 100 palabras en tu cuaderno.

1.2: Mi día a día

1 Completa el cuadro con la ayuda del diccionario.

Actividad (Verbo)	Necesitas ...
ducharse	champú gel de baño una ducha
desayunar	
	cama pijama
	maquinilla de afeitar afeitadora eléctrica espuma de afeitar
	cama despertador
peinarse	
maquillarse	
	ropa
cepillarse los dientes	
bañarse	
secarse	

2 Completa las frases con los verbos correspondientes en presente.

trabajar	afeitarse	tener	ir
tomar	viajar	escribir	levantarse
ser	vivir	acostarse	
venir	gustar	hablar	

a Mis padres ....trabajan........ en un hospital. ....Son............ médicos.

b Yo .... muy temprano y siempre .... un café con leche y una tostada.

c Nosotros .... en un apartamento. Y vosotros, ¿dónde .... ?

d A Juan no .... nada tener animales en casa.

e Tú .... veinte años, ¿verdad?

f Ella y él .... inglés perfectamente.

g Después de cenar mi hermana .... un poco en su diario y ....
sobre las 10 y media.

h ¿ .... usted en Barcelona o en Madrid?

i Esta noche mis amigos y yo .... al cine. ¿ .... con nosotros ?

j Mi padre .... siempre con maquinilla eléctrica.

k Yo .... al colegio en autobús, y tú, ¿cómo ....?

3 🔤 **Busca el vídeo "Mr Bean en el dentista" en Internet. Mira el vídeo.**

a Escribe en tu cuaderno las acciones de la rutina diaria de Mr. Bean que sean verbos reflexivos.
Ejemplo: levantarse

b Conjuga en tu cuaderno todos los verbos en presente.

4 🔤 **Escribe las horas.**

a Mis padres se levantan a las ...... seis y media ...... (6:30)

b Hago mis deberes a las .... (19:15)

c Salgo de casa a las .... (8:25)

d Los domingos mi serie favorita empieza a la .... (12:50)

e La clase de inglés empieza a las .... (10:45)

f Me acuesto a las .... (22:00)

g El avión sale a las .... (20:20)

h Mi hermana llega a casa sobre las .... (16:30)

5 **Escribe una pregunta para estas respuestas. Hay varias soluciones posibles.**

a ¿A qué hora te levantas? ....

A las 7 y media de la mañana.

b ....

Me ducho y luego desayuno.

c ....

Los martes y los jueves.

d ....

En autobús.

e ....

Sí, pero siempre antes de acostarme.

f ....

En casa con mis padres.

6 Lee este texto y contesta a las preguntas en tu cuaderno.

> Hola. Soy .... y quiero contaros mi aventura.
>
> Cuando estoy sucia, una persona me mete en la lavadora con otras prendas de ropa y me lava. Después de una hora y media, alguien me saca de la lavadora y me tiende. Después de algún tiempo, dependiendo de si hace sol o no, estoy seca. Alguien me coge y me pone en la tabla de planchar y me plancha. ¡Qué rico el calor! Luego, ya planchada, la misma persona me cuelga en el armario. A veces, me dobla y me guarda en un cajón de una cómoda. Y ahora, me acuesto y ¡a dormir!

¿A qué prenda de ropa pertenece esta aventura? ¿Por qué?

7 (ABC XYZ) **Responde, con justificaciones, a las preguntas sobre la importancia de las tareas domésticas y quién las hace. Escribe frases completas.**

Cuestiones para tratar:

¿Son importantes las tareas domésticas? ¿Por qué?

Creo que las tareas domésticas son importantes porque ....

¿Qué pasa cuando no se hacen?

....

¿Quién hace más tareas domésticas, las chicas o los chicos? ¿Por qué?

....

¿Qué tareas domésticas os gustan más? ¿Por qué?

....

¿Qué tareas no os gustan nada? ¿Por qué?

....

1.3: Mascotas y aficiones

1 **Completa con el verbo correcto. No olvides los pronombres me / te / le / nos / os / les con los verbos gustar/encantar.**

a ¿ ...._Te gustan_........ (gustar/tú) los animales ?

b A mi madre .... (encantar/ella) visitar a los abuelos.

c A mí no .... (gustar/yo) el café.

.... (preferir/yo) el té.

d ¿................................... (gustar/vosotros) los deportes?

No, ... (preferir/nosotros) leer libros.

e Mis vecinos .... (soler/ellos) pasear al perro dos veces a la semana.

f A mis padres no .... (gustar/ellos) el cine aunque .... (encantar/ellos) el teatro.

g ¿ .... (gustar/vosotros) más los gatos o los perros? Bueno, a mí .... (gustar/yo) más los gatos pero a mi amiga Carmen .... (gustar/ella) más los perros.

h La gente .... (soler/ella) comprar animales pero a nosotros .... (gustar/nosotros) más adoptarlos.

i ¿Qué tipo de música .... (gustar/tú) más? Yo .... (soler/yo) escuchar música clásica y jazz.

2 Lee el texto.

Las mascotas suelen ser mucho más que animales de compañía y a veces se convierten en **los mejores amigos de la familia.** Por ello, una mascota en casa implica **responsabilidad** y **debemos cuidarla** como se merece. No debes olvidar nunca, a la hora de adquirir un animal como mascota, que **cuidarlo lleva tiempo, dinero y mucha paciencia.**

Antes de dar el paso y elegir una mascota u otra como el rey del hogar, **es importante tener en cuenta** los siguientes aspectos:

- **El estilo de vida de tu familia.** Debes pensar si estáis mucho tiempo en casa o no, si sois una familia ordenada y responsable, si tenéis tiempo para cuidarla, etc.
- **El espacio del que disponéis en casa.** Un perro, por ejemplo, necesita más espacio que un gato o un hámster.
- **El coste económico.** Algunos animales necesitan unos cuidados personales y médicos que en muchas ocasiones suelen ser bastante caros.

En definitiva, piensa que **un animal no es un juguete** y que, como seres vivos que son, necesitan cuidados, dedicación, dinero y muchas dosis de cariño. ¿Puedes dárselo?

Actividades sobre el texto:

a Busca en el texto sinónimos de *mascota, comprar* y *casa*.

b Con la ayuda del contexto, explica con tus propias palabras qué significan las expresiones "dar el paso" , "muchas dosis de …", "el rey del hogar".

c Escribe un resumen con las ideas más importantes del texto.

3 **¿Has visto alguna película con animales? Escribe en tu cuaderno unas líneas con el argumento de cada una de ellas. Usa las estructuras del cuadro. Si no las has visto ¡inventa la historia! Escribe al menos 80 palabras.**

La película trata de …
Esta película es una historia sobre …
El personaje principal es … / Los personajes principales son …
Al final …

4 **Con la ayuda del diccionario y las listas de vocabulario, completa este cuadro con otras aficiones y actividades de tiempo libre usando los mismos infinitivos.**

Ir al cine, …
Leer un libro, …
Escribir un poema, …
Ver la tele, …
Jugar con el ordenador, …
Tocar la guitarra, …
Hacer deporte, …

5 **Lee estos datos sobre las actividades de ocio y tiempo libre de la juventud en España y escribe en tu cuaderno al menos ocho conclusiones. Usa el vocabulario que aparece en este cuadro:**

La mayoría / la minoría de los jóvenes ...

El 20% ...

Más de / menos de ...

Más de la mitad de los jóvenes ...

Una cuarta parte (25%) de los jóvenes ...

Muchos jóvenes / pocos jóvenes ...

Actividad	% sí
Usar el ordenador	93%
Ver la televisión	83,5%
Escuchar la radio	65%
Leer libros	62,5%
Ir de copas	49%
Ir a conciertos	38%
Ir a museos	26%
Ir al teatro	23%

Ejemplos:

A la mayoría de los jóvenes en España les gusta usar el ordenador.

El 93% de los jóvenes españoles usan el ordenador en su tiempo libre.

9

1 Vocabulario. Completa este crucigrama sobre los muebles de la casa con la ayuda del diccionario y las listas de vocabulario.

Vertical

1

2

3

Horizontal

4

6

7

Vertical

5

7

8

9

Horizontal

8

10

2   Completa las frases con hay/está/están.

a   Mi casa .... *está* .... en el centro de la ciudad.

b   Las escaleras .... a la derecha de la puerta.

c   En el salón .... un sofá, una mesa grande y cuatro sillas.

d   Debajo de la mesa .... una alfombra.

e   Las habitaciones de mis dos hermanos .... en la planta baja.

f   En la cocina .... un microondas y una lavadora.

g   Los cuadros .... en las paredes de la casa.

h   En el pueblo de mis abuelos no .... supermercados.

i   ¿Qué .... en tu habitación?

j   Tengo una bicicleta que .... en el garaje.

k   En el centro de la ciudad .... una catedral que .... enfrente de la Plaza Mayor.

l   ¿Dónde .... los baños, por favor?

3   En parejas. Haz preguntas a tu compañero/a, usando las palabras del cuadro. Escribidlas primero en vuestros cuadernos.

casa   supermercado   ciudad   cama   silla   cocina   pueblo   habitación   hotel   ventana

Ejemplo:

A   *"¿Vives en una* **ciudad***? / ¿Cómo se llama la* **ciudad** *donde vives? ..."*

B   *"¿Cuántas* **sillas** *hay en la clase? ..."*

4 Haz una foto o dibuja tu habitación / el salón de tu casa y haz una descripción oral a tu compañero/a para que lo dibuje en su cuaderno. Comprueba la exactitud del dibujo.

Ejemplo:

A "En mi habitación hay dos ventanas y una puerta. La cama esta a la derecha de la puerta y es verde …"

5 Elige a dos de estas personas famosas (Shakira, Enrique Iglesias, Lionel Messi, Penélope Cruz) y escribe un texto en tu cuaderno respondiendo a las siguientes preguntas:

- ¿Dónde viven?
- ¿Cómo son sus casas?
- ¿Cuántas habitaciones tienen?
- ¿Tienen mascotas? ¿Cómo son?

6 Un/a amigo/a de otro país quiere hacerte una visita. Escríbele un correo electrónico en tu cuaderno y cuéntale:

- cómo es tu casa
- con quién vives
- cómo llegar desde la estación de trenes

7 En parejas. Un alumno es A y el otro es B. Preguntad por los lugares que faltan y completad los planos de las dos ciudades.

Plano A: restaurante, iglesia, cine, hotel

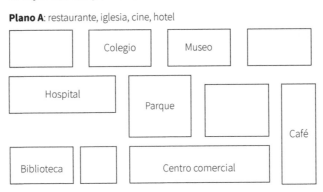

Plano B: colegio, café, parque, biblioteca

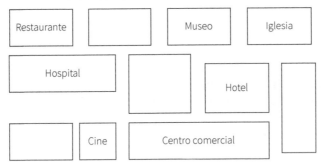

Ejemplo:

A ¿Dónde está la iglesia?

B La iglesia está al lado del museo. Está en la esquina a la derecha, enfrente del hospital.

8 Lee este texto sobre Santillana del Mar y di si las informaciones sobre el texto son verdaderas o falsas. Escribe la información verdadera si las informaciones son falsas.

> Santillana del Mar es uno de los pueblos españoles más visitados y atractivos. Está situado en Cantabria y es un placer caminar por sus calles y admirar sus casas con flores en los balcones.
>
> Es un pueblo lleno de encanto, con una gran plaza rodeada de hermosos palacios que es el centro de esta pequeña ciudad medieval. Por eso, una buena idea es visitar el pueblo durante una fiesta medieval, donde la Plaza Mayor se llena de puestos medievales y de gente vestida de la época.
>
> La oferta turística de Santillana es grande y ofrece un gran número de museos, palacios, iglesias, restaurantes, tiendas y algunos hoteles. Pero si tienes la ocasión y el dinero, lo mejor es dormir en su Parador Nacional, un edificio precioso de nueva construcción que es una maravilla.
>
> A unos dos kilómetros de Santillana se encuentran las impresionantes Cuevas de Altamira, una joya del arte rupestre y mundialmente conocidas. Desgraciadamente, entrar a las cuevas es imposible por problemas de conservación. Por esta razón es casi obligatorio visitar el museo de Altamira, un museo que alberga una copia exacta a la original cueva de Altamira que se llama la "Neocueva".

1 Santillana del Mar está situado en España. V / F

....

2 En Santillana hay muy pocos restaurantes. V / F

....

3 Es un pueblo con muchos edificios modernos. V / F

....

4 El Parador Nacional de Santillana es un hotel. V / F

....

5 A unos dos kilómetros de Santillana se pueden visitar las cuevas de Altamira. V / F

....

9 🔤 **Expresión escrita. ¿Te gusta más vivir en el campo o en la ciudad? Escribe un texto en tu cuaderno sobre este tema argumentando tus opiniones. Escribe al menos 100 palabras.**

1 **Relaciona estos contenidos con su asignatura.**

Ejemplo:
El teatro de Shakespeare se estudia en inglés.

Contenidos		Asignaturas	
1 La Primera Guerra Mundial		**a** Música	
2 La técnica de la acuarela		**b** Ciencias Naturales	
3 Las reglas del balonmano		**c** Matemáticas	
4 El teorema de Pitágoras		**d** Inglés	
5 Los verbos ser y estar		**e** Español	
6 La tabla periódica de los elementos		**f** Educación Física	
7 Los elementos de una orquesta		**g** Física	
8 El cambio climático		**h** Química	
9 El teatro de Shakespeare		**i** Educación Plástica	
10 Las redes sociales y sus aplicaciones		**j** Tecnología	
11 El ecosistema marino		**k** Geografía	
12 La fuerza de la gravedad		**l** Historia	

2 **Completa este horario en tu cuaderno con los días, tus asignaturas y las horas. Escribe un texto (120–150 palabras) sobre un día de la semana que tengas clases con tu rutina diaria.**

Días / Horas					

3 **Lee la definición y escribe la palabra correcta.**

1 Sirve para escribir y se puede borrar.

....

2 Es un libro con palabras ordenadas según el abecedario.

....

3 Aquí guardamos lápices, gomas, sacapuntas, bolígrafos, etc.

....

4 En este libro podemos escribir.

....

5 Necesitas usarlo si tu lápiz no tiene punta.

....

6 Sirve para escribir con tinta de diferentes colores.

....

7 Podemos hacer cálculos matemáticos con ella.

....

8 Tiene centímetros y podemos hacer líneas rectas.

....

9 Sirve para borrar.

....

10 Es de metal y corta papel.

....

4 Practica de forma escrita en tu cuaderno la concordancia del sustantivo y el adjetivo en singular y en plural. Usa el/la/un/una.

Ejemplo:

el alumno divertido / la alumna divertida / los alumnos divertidos / las alumnas divertidas

Sustantivos	Adjetivos
alumno/a	
profesor/a	divertido aburrido interesante
compañero/a	exigente estricto simpático
	antipático comunicativo tímido
asignatura	difícil fácil extraescolar
ejercicio	práctico complicado trabajador
actividad	inteligente tonto perezoso
	estudioso escrito oral
examen	

5 Lee estos comentarios sobre profesores, compañeros y asignaturas y trata de deducir el significado de las expresiones en negrita.

1 **He suspendido** el examen de matemáticas. No he tenido mucho tiempo para estudiar.

2 **Me encanta** mi compañera Laura. Me llevo muy bien con ella.

3 El profesor de música **me ha cogido manía**. Siempre me dice que llevo el ritmo mal, que toco mal … ¿Es que todo lo hago mal?

4 Educación Física es **la María de** las asignaturas. Ningún alumno se toma en serio lo que hacemos ni al profesor.

5 Ramiro es **un empollón**. No sé cómo lo hace para tener siempre tan buenas notas.

6 Estoy harto de Luisa. Siempre **está haciéndole la pelota** a la profesora con sus comentarios: que si explica muy bien, que si es muy simpática, que si lleva un vestido muy bonito . . .

a Un/a alumno/a que siempre estudia, trabaja y saca muy buenas notas.

b No sacar una buena nota en los exámenes.

c No me gusta nada lo que una persona hace y dice.

d Me gusta mucho el carácter de una persona.

e Decir siempre cosas positivas sobre otra persona con un objetivo particular.

f Una asignatura que los alumnos piensan que no es importante, que as muy fácil, etc.

6 **Lee este correo electrónico de Mariela y completa la tabla en la página siguiente con algunas informaciones importantes sobre su nuevo instituto.**

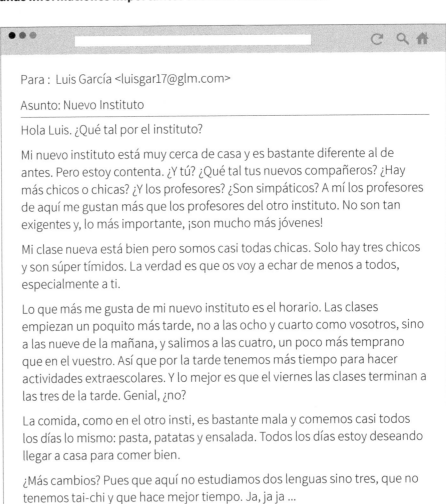

Para : Luis García <luisgar17@glm.com>

Asunto: Nuevo Instituto

Hola Luis. ¿Qué tal por el instituto?

Mi nuevo instituto está muy cerca de casa y es bastante diferente al de antes. Pero estoy contenta. ¿Y tú? ¿Qué tal tus nuevos compañeros? ¿Hay más chicos o chicas? ¿Y los profesores? ¿Son simpáticos? A mí los profesores de aquí me gustan más que los profesores del otro instituto. No son tan exigentes y, lo más importante, ¡son mucho más jóvenes!

Mi clase nueva está bien pero somos casi todas chicas. Solo hay tres chicos y son súper tímidos. La verdad es que os voy a echar de menos a todos, especialmente a ti.

Lo que más me gusta de mi nuevo instituto es el horario. Las clases empiezan un poquito más tarde, no a las ocho y cuarto como vosotros, sino a las nueve de la mañana, y salimos a las cuatro, un poco más temprano que en el vuestro. Así que por la tarde tenemos más tiempo para hacer actividades extraescolares. Y lo mejor es que el viernes las clases terminan a las tres de la tarde. Genial, ¿no?

La comida, como en el otro insti, es bastante mala y comemos casi todos los días lo mismo: pasta, patatas y ensalada. Todos los días estoy deseando llegar a casa para comer bien.

¿Más cambios? Pues que aquí no estudiamos dos lenguas sino tres, que no tenemos tai-chi y que hace mejor tiempo. Ja, ja ja ...

Bueno, escríbeme y me cuentas. Un abrazo.

Mariela

El instituto	Los profesores	Los compañeros	El horario	La comida

7 **Imagina que eres Luis, el amigo de Mariela. En tu cuaderno, escríbele una carta (100–120 palabras) contándole:**

- Cómo es tu instituto
- Qué hay y qué no hay en tu instituto
- Cómo son tus profesores
- Qué es lo que más/menos te gusta de tu instituto.

8 **Completa el texto con las palabras del cuadro.**

asignatura explicar ejercicios simpática características alumnos
paciencia gritar ~~clase~~ profesora aburridas motivar humor ideal

Hoy hemos tenido ....*clase*.......... de español. La .... me gusta pero la

.... no me cae bien y me pone de los nervios. El problema, entre otros, es que

no sabe .... bien la gramática y no entendemos nada. Sus clases son demasiado

.... y tenemos que hacer un montón de .... escritos.

Para mí, la profesora .... tiene que ser .... y muy dinámica

y activa para poder .... a los alumnos. Además, debe tener otras

.... , como por ejemplo: tener sentido del .... , saber escuchar

a los ...., no .... en clase y tener mucha ....

9 **Imagina tu instituto ideal y en tu cuaderno, prepara por escrito (100–150 palabras) una presentación oral para toda la clase. Incluye información sobre los horarios, las asignaturas, los profesores y las clases.**

Ejemplo:
En mi instituto ideal, no hay sillas ni mesas. Solo hay sofás muy cómodos y los alumnos y los profesores pueden dormir la siesta una hora al día …

1.6: Me gusta el deporte

1 **Ordena las letras y encuentra el nombre de estos deportes. Completa la tabla según se practiquen con las manos, con los pies o con ambos.**

1 BOCONCASTLE $\longrightarrow$ Baloncesto

2 NSIET

3 PACERIOA

4 ACIANTÓN

5 MINSAAIG

6 ISALETTMO

7 LÚBFOT

8 TWAEODONK

9 XEBOO

10 BRYUG

Con las manos	Con los pies	Con ambos

2 **Completa las frases con los verbos relacionados con el deporte del cuadro. Los verbos pueden ir en infinitivo o en presente.**

hacer	practicar	boxear	nadar	correr	montar en bicicleta	jugar

1 Nuestro equipo de fútbol .... muy bien.

2 Mi hermana .... el judo desde hace tres años.

3 Hay que .... deporte porque es muy sano.

4 Tengo una amiga muy fuerte y deportiva que .... al baloncesto y

.... en un club de boxeo.

5 Aunque no tengo un caballo, ... la equitación una vez a la semana.

6 El Triatlón es una disciplina de resistencia en la que hay que .... , ...

y ....

7 Nosotros .... mucho deporte en el instituto. Los lunes................................... al tenis

y los miércoles .... en la piscina cubierta o .... el baloncesto.

8 Me encantan los deportes de contacto. .... judo y taekwondo.

3 🔤 **Escribe en tu cuaderno un texto sobre el deporte (100–120 palabras) y trata temas como:**

- ¿Te gusta hacer deporte? ¿Por qué?
- ¿Qué deportes practicas?
- ¿Con qué frecuencia haces deporte?
- ¿Qué ventajas e inconvenientes tiene el hacer deporte?

4 **Lee este artículo y responde a las siguientes preguntas. Di si las informaciones sobre el texto son verdaderas o falsas. Escribe la información verdadera si las informaciones son falsas.**

La salud y el movimiento

La mayoría de los médicos y profesionales de la salud recomiendan practicar algún tipo de deporte de manera regular y en el contexto de la familia, el colegio o los clubs deportivos.

Entre los deportes más saludables, casi todos los especialistas consideran la natación como uno de los deportes más completos que existen y en el que se ponen en movimiento todas las partes de nuestro cuerpo.

Correr y caminar son, según muchos estudios sobre la salud, actividades físicas igualmente saludables y que doctores, dietistas, nutricionistas, entrenadores deportivos y otros profesionales relacionados con el mundo del deporte y la salud recomiendan incluir en nuestros hábitos y rutinas diarios.

Si bien para correr es necesario hacer más esfuerzo y tener una mejor forma física, caminar es mucho más accesible y una actividad óptima para cualquier tipo de persona.

Pero si lo que te gusta es hacer deporte y estar en contacto con la naturaleza, el montañismo, el senderismo o el ciclismo serían las actividades deportivas más recomendables para estos casos.

Preguntas:

1 Los especialistas recomiendan hacer deporte una vez al mes. V / F

2 Uno de los deportes más saludables y completos es el ciclismo. V / F

3 Caminar es una actividad ideal para la mayoría de las personas. V / F

4 Los especialistas de la salud recomiendan caminar y correr con moderación. V / F

5 Actividades como el senderismo y el ciclismo son ideales para los amantes de los deportes de aventura. V / F

5 **(ABC XYZ) Lee este artículo. Prepara una presentación del texto con un resumen, esquemas visuales, gráficos, porcentajes, etc. Si dispones de los medios técnicos, usa el ordenador.**

Los jóvenes hacen cada vez menos deporte.

El País, 25.02.2009

El 98% de los españoles piensa que el deporte es bueno. Solo un buen pensamiento, porque el 64% de ellos no practica ninguno, según un estudio de la Fundación La Caixa. Sólo dos de cada 10 personas lo realiza con frecuencia, es decir, tres veces a la semana o más, uno de los porcentajes más bajos de Europa. "Entre 1995 y 2008, un 20% de jóvenes entre 16 y 34 años ha dejado de hacer deporte", subraya David Moscoso, uno de los autores del estudio.

¿Por qué somos inactivos? La falta de tiempo, el desinterés, el trabajo y las cargas familiares son las principales razones que han explicado los 2.000 entrevistados. En el caso de los jóvenes, el ocio digital y nocturno ocupa un gran espacio de tiempo. "En las entrevistas, algunos padres expresaron su temor a que sus hijos practicaran deporte en el parque o en la calle, incluso una madre afirmó que prefería que jugara a la Play", dijo Moscoso.

Los expertos remarcan el "escaso peso" de la asignatura de educación física en la agenda escolar. Cuando el deporte deja de ser obligatorio en las escuelas, a partir de los 16 años, se reduce el porcentaje de los que lo practican.

6 **En parejas, preparad y grabad una entrevista de radio a un/a deportista famoso/a. Uno de vosotros representa el papel de periodista y el otro el papel de deportista.**

Entre otros temas, haced preguntas sobre sus gustos, sus aficiones, su familia, sus estudios, su carrera deportiva y sus viajes.

1 Escribe el femenino de los siguientes miembros de la familia.

Padre .....*madre*..............	Primo ....
Padrastro	Tío ....
Hermano	Cuñado ....
Hermanastro	Suegro ....
Hijo	Nieto ....
Abuelo	Sobrino ....

2 Completa el texto con la palabra adecuada.

Manuel está ......*casado*...... (casado/jubilado) con Sandra desde hace cinco años y viven muy

felices en un pequeño apartamento en Barcelona. Su hermano Nicolás está ....

(soltero/separado) de su mujer y ahora vive solo cerca del apartamento de Manuel. El hijo de

Nicolás estudia en Londres y está .... (soltero/casado) aunque busca novia, claro.

La abuela materna de Nicolás ya está .... (separada/jubilada) y va con su abuelo de

vacaciones a Canarias los meses de enero y febrero para disfrutar de la playa y el buen tiempo.

La hermana de Sandra, está .... (viuda/casada) y vive sola con sus dos perros en una

bonita casa cerca de Barcelona.

3 Lee las descripciones de la familia de tres jóvenes y contesta a las preguntas.

Me llamo Óscar y soy uruguayo. Mi padre se llama Koldo, tiene cuarenta y tres años y es alto. Tiene los ojos azules y es calvo. Mi madre se llama Almudena y es rubia con los ojos marrones. Es muy delgada. Tengo un hermano de quince años que se llama Miguel Ángel. Es castaño y tiene el pelo rizado.

¿Qué tal? Soy Amanda y vivo en España. Mi padre es de Sevilla, tiene los ojos negros y lleva barba y bigote. Mi madre tiene cuarenta años y lleva gafas para leer. Tiene muchas pecas y tiene los ojos verdes, como yo. Tengo una hermana que se llama Verónica. Tiene los ojos marrones y el pelo corto y liso. Es muy guapa.

¡Hola! Bueno, os quiero hablar de mi familia. Me llamo Jorge y mi padre es bajito y pelirrojo. Es de Irlanda. Vivimos en una casa muy grande cerca de San José, en Costa Rica. Mi madre es de Panamá y tiene el pelo negro y largo y los ojos marrones. Es de talla mediana. No tengo hermanos pero tengo un perro muy gracioso. Yo soy alto y tengo el pelo pelirrojo como mi padre aunque los ojos los tengo marrones como mi madre.

21

a ¿Cuántos hermanos tienen Óscar, Amanda y Jorge?

....

b ¿Cómo se llama el padre de Óscar?

....

c ¿Cómo es el pelo de Almudena, la madre de Óscar?

....

d ¿Cómo es el padre de Amanda? ¿Y su madre?

....

e ¿Cómo se llama la hermana de Amanda? ¿Cómo es?

....

f ¿Cómo es el padre de Jorge? ¿Y su madre?

....

g ¿De qué color son los ojos de Jorge?

....

4 🔤 **Coloca los siguientes adjetivos en la lista de positivos y negativos. Utiliza el diccionario y las listas de vocabulario.**

Positivo	Neutro	Negativo
Ejemplo: + *alegre*		

alegre, gracioso, agresivo, simpático, caritativo, desordenado, cortés, estricto, maleducado, honesto, exigente, hermoso, sociable, orgulloso, cariñoso, pesado, elegante, optimista, tímido, romántico, interesante, agradable, aburrido, divertido, trabajador, vago, encantador, valiente, tranquilo, pesimista, puntual, serio, fuerte, antipático.

5 **ABC XYZ ¿Y tú, cómo eres? Habla con tu compañero y utiliza al menos ocho adjetivos para describir tu personalidad.**

6 **ABC XYZ Compara a diez miembros de tu familia. Utiliza los comparativos de la caja de texto.**

Más … que	Peor … que
Menos … que	El / La más …
Tan … como	El/ La menos …
Mejor … que	

Ejemplo:

1 Mi madre es más alta que mi padre. ....

2 ....

3 ....

4 ....

5 ....

6 ....

7 ....

8 ....

9 ....

10 ....

1 **a** **Forma frases siguiendo el siguiente esquema en tu cuaderno.**

Siempre	juego al tenis de mesa	los fines de semana
Casi siempre	salgo con mis amigos	durante las vacaciones
Generalmente	practico el golf	durante la semana
A menudo	leo revistas	después de la escuela
A veces	toco el piano	por la tarde
Raramente	voy al cine	
Nunca	navego por Internet	
	monto a caballo	
	patino en la pista de hielo	
	cocino	
	voy en bicicleta	
	bailo	

(+ entre las columnas)

Ejemplo:

Casi siempre leo revistas durante la semana. Durante la semana casi siempre leo revistas.

b **Pregunta a tu compañero sobre las actividades que hace.**

Ejemplo:

¿Juegas al tenis de mesa los fines de semana? Sí, siempre juego al tenis de mesa los fines de semana / No, nunca juego al tenis de mesa los fines de semana.

2 **Rellena en la ficha las actividades que te interesan y las que menos te interesan.**

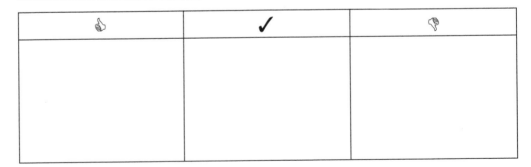

bucear, hacer bricolaje, tocar la batería, ir con monopatín, ir de pesca, esquiar, jugar al ping pong, hacer senderismo, correr, hacer windsurf, hacer equitación, montar en bicicleta, jugar a los videojuegos, hacer piragüismo, nadar

👍	✓	👎

24

3   **Responde a las preguntas.**

¿Qué actividades te gusta hacer en tu tiempo libre? ¿Qué actividades no te gusta hacer? Puedes utilizar las actividades de las preguntas uno y dos.

Me encanta	No me gusta
Me gusta mucho	Detesto
Me gusta	

Ejemplo:

Detesto hacer bricolaje. ....

....

....

....

....

....

4   **En el siguiente ejercicio coloca la forma en presente continuo en las frases correspondientes.**

Leer:
Normalmente leo libros de narraciones cortas pero ahora ......*estoy leyendo*...... (leer) "El Quijote", que tiene casi mil páginas.

Practicar:
Bailo y practico el tango cuando voy de fiesta latina con mis amigos, pero esta noche voy a ir a

bailar a la Feria de Abril y .... (practicar) sevillanas.

Dormir:
¿Todavía .... (dormir)? ¿No te has puesto el despertador? ¡Tienes que ir al colegio!

Salir:
Mi mujer y yo nadamos todos los lunes en la piscina cubierta pero con este tiempo

.... (salir) cada tarde en bicicleta.

Beber:
¿ .... (beber) Cola otra vez? ¡Ya te dije que bebieras más agua para quitar la sed!

Ir:
En estos momentos Marcela y Nadia .... (ir) para casa. Llámalas allí cuando lleguen.

Estudiar:
No te preocupes por el examen. .... (estudiar) mucho y creo que vas a sacar una muy buena nota.

Cantar:
Me encanta lo que .... (cantar) el vecino. ¡Se nota que es cantante de ópera!

5 Has enviado una invitación a tus amigos para que asistan a tu fiesta de cumpleaños el sábado. Coloca una cruz en la casilla de los amigos que pueden asistir a tu fiesta.

Pedro: Muchas gracias por la invitación y feliz cumpleaños. ¡Me apunto a ir! ☐

Antonio: Gracias por tu invitación. ¡Estoy encantado! Iré un poco tarde porque hay pocos trenes pero allí estaré. ☐

Carmen: Acabo de recibir tu invitación. Desafortunadamente tengo que ir con mis padres el fin de semana a Córdoba y llegaremos por la noche. ¡Te deseo un feliz cumpleaños! ☐

Sandra: ¿Quedamos un poco antes? Me gustaría ayudarte a preparar la fiesta. ¿Qué necesitas? ☐

Ana: Agradezco mucho tu invitación pero no puedo ir. Mi hermana se ha puesto enferma y la tengo que cuidar todo el fin de semana. Lo siento. ☐

Daniel: Estoy ocupado todo el sábado pero por la tarde creo que tengo tiempo para ir. Te lo confirmo mañana, si te parece. ☐

6 Mira la lista de géneros de películas.

comedia	cine de ciencia ficción	aventura	cine musical	drama
cine de misterio	acción	cine romántico	terror	

¿Qué tipos de películas (o de programas de televisión) te gustan y por qué? Contesta a la pregunta en tu cuaderno justificando tu respuesta. Utiliza el vocabulario del libro del alumno. Escribe 80 palabras en total.

7 (ABC XYZ) **Habla con tu compañero/a.**

¿Dónde quedamos hoy para ver la película? ¿Y a qué hora? Quedamos en el centro a las siete de la tarde.

¿Dónde quedamos hoy para ir al teatro? ¿Y a qué hora?

¿Dónde quedamos hoy para ir al concierto? ¿Y a qué hora?

¿Dónde quedamos hoy para ir de compras? ¿Y a qué hora?

¿Dónde quedamos hoy para hacer deporte? ¿Y a qué hora?

¿Dónde quedamos hoy para montar en bicicleta? ¿Y a qué hora?

2.3: Las compras

1 **¿Qué se puede comprar en las siguientes tiendas? En tu cuaderno, completa las frases con el vocabulario de la lección.**

Ejemplo:

¿Qué se puede comprar en la frutería?

Se puede comprar fruta (como por ejemplo peras, naranjas y mandarinas).

a ¿Qué se puede comprar en la librería?

b ¿Qué se puede comprar en la tienda de muebles?

c ¿Qué se puede comprar en la pescadería?

d ¿Qué se puede comprar en la tienda de ropa?

e ¿Qué se puede comprar en la juguetería?

f ¿Qué se puede comprar en la zapatería?

g ¿Qué se puede comprar en la joyería?

h ¿Qué se puede comprar en la panadería?

i ¿Qué se puede comprar en Correos?

j ¿Qué se puede comprar en la farmacia?

2 **La lista de la compra.**

A continuación vas a escribir la lista de la compra. Coloca los siguientes productos en la categoría correcta.

| gambas | ~~fresas~~ | limonada | sardinas | manzanas | queso | peras |
| vino | leche | naranjada | atún | salchichas | melón | salmón |

fruta: *fresas,* ....

bebidas: ....

carne: ....

pescado y mariscos: ....

lacteos: ....

3 **¿Cómo te queda? Escribe las frases correspondientes para cada grupo de palabras en tu cuaderno.**

Ejemplo:

camisa a cuadros / grande

Esta camisa a cuadros te queda grande.

pantalones / pequeños   falda / larga

pijama / bien   camiseta a rayas / ancha

zapatos / mal   blusa / estrecha

jersey de lana / estrecho   corbata / corta

4 **Relaciona los recipientes y cantidades con sus productos correspondientes en tu cuaderno.**

paquete	porción	pedazo	bolsa	lata
docena	barra	botella	caja	

huevos	tarta	pan	limonada	queso
patatas	atún	galletas	arroz	

5 **¿Aquí, ahí o allí? Coloca los adjetivos demostrativos correctos con los siguientes nombres.**

Aquí (este, esta, estos, estas)
Ahí (ese, esa, esos, esas)
Allí (aquel, aquella, aquellos, aquellas)

a Aquí

pan Este pan ....

huevos ....

tarta ....

b Ahí

lentejas ....

turrón ....

bombones ....

c Allí

frambuesas ....

manzana ....

paquetes de arroz ....

6 Lee los siguientes diálogos y di si las siguientes frases son verdaderas o falsas. En tu cuaderno, justifica tu respuesta si las frases son falsas.

Ejemplo: Falso. Busca una chaqueta de cuero.

En la tienda de ropa

Dependiente:	Hola, buenos días, ¿qué quería?
Cliente:	Busco una chaqueta de cuero para este invierno.
Dependiente:	Tenemos estas dos . ¿La quiere negra o marrón?
Cliente:	Negra, por favor.
Dependiente:	¿Quiere probársela?
Cliente:	Sí, quiero probármela. Es muy bonita.
Dependiente:	Aquí tiene.
Cliente:	Gracias. Me queda un poco larga. ¿Tiene una talla más pequeña?
Dependiente:	Sí, ahora se la voy a buscar. Me queda la del escaparate. Le puedo hacer una rebaja, si quiere.
Cliente:	Gracias. ¿Qué precio tiene?
Dependiente:	150 euros y con la rebaja 120.
Cliente:	Gracias. Me queda bien pero me parece un poco cara.
Dependiente:	110 y se la queda.
Cliente:	Vale.

a El cliente busca una chaqueta de color rojo para este invierno.   V / F

b El cliente quiere probarse la chaqueta de cuero.   V / F

c El cliente pide una talla más grande.   V / F

d El dependiente ofrece una rebaja al cliente.   V / F

En la frutería

Dependiente:	Hola, buenas tardes.
Cristina:	Buenas tardes. Un kilo de mandarinas, por favor.
Dependiente:	Sí, claro. Las quiere de Valencia o prefiere las de Almería?
Cristina:	¿Cuáles son las más baratas?
Dependiente:	Las de Valencia.
Cristina:	Si son más baratas un kilo de las de Valencia, por favor. ¿Tiene melones?
Dependiente:	Por supuesto. Al final de la tienda. ¿Le traigo uno?
Cristina:	Sí, por favor. Uno bien dulce.

a Cristina pide un kilo de mandarinas.   V / F

b Cristina prefiere comprar las mandarinas de Valencia porque son más caras.   V / F

c Cristina quiere también comprar un melón dulce.   V / F

En unos grandes almacenes

Dependiente:	¡Buenas tardes! ¿Querría alguna cosa?
Alicia:	Sí, quiero algo original para regalo.
Dependiente:	¿Para hombre o mujer?
Alicia:	Para un chico de dieciséis años.
Dependiente:	Bueno, le puedo ofrecer estos cinturones o esas camisetas de allí.
Alicia:	Me gusta el cinturón pero estaba pensando en un paraguas bonito también.
Dependiente:	Tengo tres tipos de paraguas muy originales. ¿Le gusta el de color rojo?
Alicia:	Mucho. Me lo quedo. El cinturón es demasiado largo. ¿Tiene uno más corto? El chico es muy delgado.
Dependiente:	Por supuesto. En total son cincuenta euros.
Alicia:	Gracias. ¿Me gustaría saber si tienen alguna pulsera o pendientes para mí?

a Alicia quiere algo original para regalar.   V / F

b Alicia quiere hacer el regalo a una mujer.   V / F

c A Alicia no le gusta el cinturón porque es corto.   V / F

d Alicia pide un reloj y una pulsera.   V / F

En Correos

David:	Buenas tardes. Me gustaría enviar esta carta.
Dependiente:	Sí, por supuesto. ¿A dónde la quiere enviar?
David:	A México.
Dependiente:	¿La quiere enviar urgente?
David:	Por correo ordinario. ¿Pero cuánto cuesta enviarla urgente?
Dependiente:	Dos euros más. En total seis euros.
David:	De acuerdo. Mejor urgente entonces.
Dependiente:	Muy bien. Aquí tiene el recibo. ¿Alguna cosa más?
David:	Y un sello para Toledo, por favor.
Dependiente:	Por supuesto.
David:	Gracias. ¿Sabe si hay algún quiosco cerca de aquí?
Dependiente:	Sí. Hay uno justo en la esquina. ¡Y no se olvide del recibo!

a David quiere enviar una carta a México.   V / F

b David no envía la carta urgente.   V / F

c David quiere un sello para Albacete.   V / F

d David quiere saber si hay un quiosco cerca de Correos.   V / F

2.4: Fiestas y celebraciones

1 **En tu cuaderno, enlaza las épocas del año con las fiestas. Puedes añadir el mes si también lo sabes.**

invierno	verano	primavera	otoño

la verbena de San Juan de Barcelona

la Semana Santa de Sevilla

la Navidad, la Nochevieja y los Reyes Magos

el Día de Todos los Santos y el Día de los Muertos

Ejemplo
invierno: la Navidad

2 **¿Adivinas? En tu cuaderno, enlaza las siguientes fiestas y celebraciones con lo que dicen los jóvenes.**

los San Fermines de Pamplona   los Carnavales de Tenerife   la Tomatina de Buñol
la Fiesta de la Quinceañera   las Fallas de Valencia

Ejemplo:
La Fiesta de la Quinceañera/Martina

a Martina
Cuando las chicas cumplen quince años, celebramos esta fiesta con comida y bailes. Los vestidos son preciosos y ponemos música muy alegre.

b Miguel
Es una fiesta muy divertida. Las calles se llenan de tomates y la gente acaba en una batalla impresionante. Me encanta.

c Helena
Es una fiesta peligrosa. Se prepara un encierro con toros y mucha gente corre delante de ellos. Es mejor ver la fiesta por televisión.

d Luis
Hay figuras de cartón por toda la ciudad de hasta 30 metros de alto que representan a actores, cantantes o políticos. Después, por la noche, se celebran espectáculos pirotécnicos con la gente vistiendo trajes tradicionales. Es una de las mejores fiestas que existen en el país para despedir el invierno.

e David
La temperatura siempre es suave aquí, incluso en invierno. Por eso hay disfraces y procesiones por toda la isla. Es la fiesta más importante del mundo de estas características después de la de Río de Janeiro.

3 🔤 **En tu cuaderno, escribe un correo electrónico a tu mejor amigo/a sobre cómo es la fiesta tradicional preferida de tu ciudad. Utiliza unas 100 palabras.**

Debes mencionar:
- En qué consiste y cómo se celebra
- Qué día se celebra
- Qué bebe la gente
- Qué come la gente
- Qué tipo de ropa lleva la gente.

4 **Utiliza las siguientes expresiones y pregunta a tu compañero/a.**

> ¿Cómo pasaste …
> la Navidad?
> las vacaciones de verano?
> la Semana Santa?
> los Carnavales?
> tu cumpleaños?
> …?
>
> Me divertí mucho.
> Me lo pasé muy mal.
> La fiesta fue muy aburrida.
> Me lo pasé genial.
> Me lo pasé bien.

Ejemplo:
¿Cómo pasaste la Navidad? Me divertí mucho.

5 🔤 **Vocabulario sobre una boda. Añade las letras que faltan de las siguientes palabras.**

a c.a̱sars.e̱

b m....rid....y muj....r

c br....ndar por los reci.... n c....sado....

d la l....na de m....el

e el b....nquete

f la cer....monia

g el past....l de b....da

h l....s i....vitados

i el c....va

j la tarj....ta de i....vit....ción

6 **Contesta a las preguntas del siguiente texto.**

TRADICIONES EN PUERTO RICO

La cultura en Puerto Rico se deja sentir todo el año, pero sobre todo en la época navideña, donde se oyen por las casas las tradicionales **parrandas**. Las parrandas son canciones que llevan familiares y amigos a las casas de sus queridos. Esta tradición se celebra en horas de la madrugada para sorprender al familiar y despertarlo de su sueño.

Curiosamente, los puertorriqueños celebran unas de las Navidades más largas del mundo. Y es que en Puerto Rico empieza la navidad el 23 de noviembre y termina a finales de enero, con una celebración conocida como las **Fiestas de la Calle San Sebastián**.

También se celebra la tradicional **Fiesta de Reyes**, donde los niños acuden con sus familiares a recoger los regalos que le han traído los Magos de Oriente.

Además de la tradición navideña, los puertorriqueños celebran la llamada **Noche de San Juan**, donde la mayoría de las personas van a las playas de la isla para tirarse de espaldas siete veces, a las doce de la medianoche. Es una costumbre curiosa ya que simboliza quitarse la mala suerte. Después la gente celebra la fiesta con música, baile, comidas y bebidas.

---

a ¿Qué son las parrandas?

....

b ¿A qué hora se celebran las parrandas y por qué?

....

c ¿Cuándo empieza la Navidad en Puerto Rico? ¿Y cuándo termina?

....

d ¿Qué otra palabra hay en el texto con el significado de Reyes?

....

e ¿Cómo celebran los puertorriqueños la Noche de San Juan?

....

1 **ABC XYZ** **Busca en la sopa de letras 18 tipos de comida del cuadro.**

```
Q  L  O  O  U  N  U  H  H  K  C  Y  U  W  A  H  Q  V  Q  D
Y  I  C  B  Q  V  V  U  Y  A  C  J  K  Z  A  A  H  R  B  C
T  S  G  H  A  N  A  G  K  V  A  S  W  F  M  R  C  R  U  Q
K  X  B  H  Q  I  B  S  W  I  I  N  G  W  K  R  E  U  L  N
A  C  E  I  T  U  N  A  S  F  X  Z  Y  F  Q  O  B  B  E  Y
S  C  B  M  Y  N  K  J  M  Y  T  A  P  M  R  Z  N  I  C  E
N  C  V  R  V  D  I  V  X  T  C  O  L  I  F  L  O  R  H  T
O  K  P  N  M  K  R  I  P  Y  X  X  L  Q  G  B  H  E  U  M
C  N  B  N  N  R  S  F  L  W  D  Q  D  R  G  U  Q  R  G  Z
O  A  Y  M  A  N  T  E  Q  U  I  L  L  A  C  Y  J  A  A  U
C  R  O  K  P  Y  E  B  L  L  S  J  E  U  D  F  P  N  W  M
Z  A  N  A  H  O  R  I  A  I  H  A  H  Y  M  M  I  Y  D  Y
I  N  R  U  P  I  E  Y  V  V  P  Z  Q  H  L  I  M  O  O  I
Y  J  M  N  V  A  L  Q  M  O  U  N  E  C  H  T  I  P  O  T
V  A  A  E  E  A  P  E  R  A  S  P  V  U  U  D  E  A  L  D
V  B  N  C  X  Q  X  P  E  S  C  A  D  O  E  M  N  S  M  I
Y  Z  Z  D  U  C  E  R  E  A  L  E  S  U  V  C  T  T  L  B
D  D  A  H  K  U  R  T  O  M  A  T  E  D  O  E  O  A  X  L
B  L  N  B  U  A  A  A  U  W  J  X  V  X  S  R  Q  R  U  F
J  B  A  T  R  N  D  D  P  A  N  G  R  A  F  U  J  E  O  Q
```

mantequilla	zanahoria	pimiento	coliflor	cereales
naranja	aceitunas	pescado	lechuga	huevos
peras	carne	arroz	tomate	uvas
pan	manzana	pasta		

2 Coloca los alimentos en la casilla correspondiente.

gambas	queso	patatas	setas	salchichas	judías
fideos	frambuesas	sepia	leche	fresas	arroz	cebolla

Alimentos vegetales	Alimentos cárnicos y afines	Alimentos lácteos	Alimentos farináceos

Ejemplo:
Alimentos vegetales: patatas

3 Completa el cuadro con los ingredientes de la caja de texto que necesitan cada uno de los platos tradicionales.

pescado	pimienta	~~tomate~~	chorizo	arroz	pepino	cebolla
aceite de oliva	mariscos	ajo	pollo	pan frito	carne	patatas	sal

Plato tradicional	Ingredientes
Gazpacho	*tomate*
Paella	
Pescado frito	
Pollo a la mexicana	

4 Escribe frases en tu cuaderno para cada uno de los tipos de comida en tu cuaderno y justifica tu respuesta. Después habla con tu compañero/a sobre los tipos de comida que te gustan y los que no te gustan.

Ejemplo:
Me gusta mucho la comida mexicana porque es deliciosa.

Me encanta	No me gusta nada
Me gusta mucho	No soporto
No me gusta	Odio/ Detesto

la comida china	la comida española
la comida mexicana	la comida italiana
la comida francesa	

soso
sabroso
delicioso
picante
riquísimo

5   Completa las frases con los verbos correspondientes de la caja de texto.

parecerse	llevarse bien	molestar

1 ....*Me llevo bien*..... con mis hermanos aunque a veces nos peleamos por tonterías.

2 Miguel .... a su padre. Tiene sus mismos ojos.

3 No .... a tu hermano. Os tenéis que portar bien.

4 .... mucho a tu primo Manuel. Tienes la misma cara y los mismos gestos.

5 Siempre .... bien con la gente de mi clase pero no soporta a los chicos de su barrio.

6 ¿Dieta sana o mala alimentación? Coloca las siguientes frases en la casilla correcta.

Dieta sana	Mala alimentación

a No desayuno nunca por la mañana. A veces me tomo un café y voy a la oficina. A la hora de la comida tengo mucha hambre. Siempre me pasa lo mismo.

b Me encanta la comida rápida. Voy al menos tres o cuatro veces al día y pido una hamburguesa con patatas fritas o una pizza para comer. A mis padres no les parece bien.

c Siempre tomo un par o tres de piezas de fruta al día. Para cenar me encanta comer brócoli o coliflor con carne o pescado.

d Hay veces que me pongo hasta cinco cucharadas de azúcar en el café. Sé que no es bueno pero me encanta tomar el café bien dulce.

e Hago deporte cada día. Corro durante media hora o nado una hora en la piscina municipal. Para compensarlo tengo una dieta rica en proteínas, carbohidratos, vitaminas y minerales. La gente dice que para mi edad estoy muy sano.

f Mi madre dice que no paro de comer alimentos grasos y con aditivos desde que vivo con otros estudiantes cerca de la universidad. Estoy engordando. Tengo que cambiar mi dieta.

g Los fines de semana hago la compra en el mercado con mi mujer. Compramos productos frescos y naturales. Nos encanta comer sano.

2.6: El restaurante

1  **Completa este crucigrama sobre tipos de platos que puedes comer en un restaurante con las palabras del cuadro.**

tapas	ensalada	horchata	bocadillo de calamares	sándwich
refresco	gaseosa	pastel de zanahoria	copa de vino	cerveza
zumo de limón	agua sin gas	hamburguesa	milanesa	

2 Añade los alimentos y bebidas en los espacios correspondientes del menú. Escribe esta actividad en tu cuaderno.

Primer plato	gazpacho
Segundo plato	
Postre	
Bebidas	

> agua con gas, yogur de frambuesa, gambas, ensalada de queso de cabra, fresas con nata, ~~gazpacho~~, asado de cordero, chuleta de ternera con champiñones, zumo de naranja, salchichas con patatas fritas, sopa de cebolla, filete de cerdo con judías verdes, merluza al horno, helado de vainilla, ensaladilla rusa, bistec con huevo frito, salmón al ajillo

3 Completa las letras que faltan de los siguientes tipos de restaurante.

a restaurante j.a.p.o.nés

b restaurante de com.....da r.....p.....da,

c restaurante in.....i.....

d restaurante v.....ge.....ar..... ..... an.....

e c.....ep.....r.....a

f ca.....e.....er.....a

g c.....urras.....u.....ría

h m.....ri.....q.....ería

i b.....st.....ot

4 Completa las frases con los pronombres que faltan. Hay múltiples respuestas.

usted	ellas	ellos	mí	vosotros	ella	nosotros

a ¿Las patatas bravas son para ....mí..........? No, son para ....

b ¿Los pinchos morunos que vienen, son para .... ? No, son para ....

c El plato de jamón serrano es para .... Para .... hemos pedido pinchos morunos.

d La copa de vino es para .... y los calamares para ....

5 Indica los pronombres adecuados en las siguientes frases.

Ejemplo:

Esta caja de chocolate me pertenece. Es ....la mía....... (yo)

a Esta bicicleta nos pertenece. No es .... (vosotros)

b ¿Estos pantalones son .... (tu), verdad?. No te los olvides.

c Estas flores son .... (vosotros). ¿Os gustan?

d Aquella chaqueta, la de la derecha, es .... (ella). Aquí la tiene.

e Mi hijo tiene su propio juego de ordenador. No necesita .... (tu)

6 Completa los espacios con los pronombres de objeto indirecto adecuados.

Ejemplo:

Dieron las gracias a Isabel por la comida. ....Le.......... dieron las gracias.

a Inés contó a su amigo su aventura por el Amazonas. Inés .... contó su aventura por el Amazonas.

b Mi hermana compró un regalo de cumpleaños a su hija y después fueron a un restaurante. Mi hermana .... compró un regalo.

c Enviaron los libros a los alumnos por correo ordinario. .... enviaron los libros.

d Juan escribió un correo electrónico a sus padres desde Nueva York. Juan .... escribió un correo electrónico.

7 Completa los espacios con los pronombres de objeto directo adecuados.

Ejemplo:

Juan está leyendo el libro. ¡........Lo....... lee sin gafas!

a El gazpacho está muy rico. ¿Quieres probar ....?

b A la ensalada le falta aceite. ¿Quieres probar ....?

c Yo invito a mis amigos. .... invito porque quiero.

d ¿Te gusta el café con azúcar o sin azúcar? .... prefiero con azúcar.

e Compré esta falda para mi hermana. .... compré en Zara.

f ¿Dónde está el patinete? Necesito encontrar .... o mi madre se enfadará.

g Mañana venderemos las dos bicicletas. .... venderemos en el mercado.

h La vi pero él no .... vio.

i No he visto a mis amigos en toda la tarde. ¿ .... puedes ir a buscar?

j Quiero este vestido. ¿Me .... puedo probar?

k Me encantan los vaqueros. ¿Me .... puedo llevar?

8 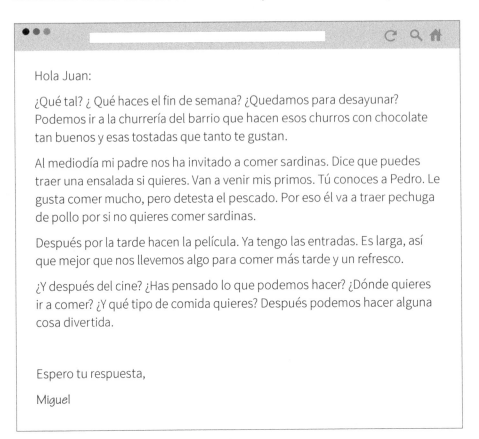 **Responde a las preguntas que le hace Miguel a Juan en su correo electrónico. Escribe uno similar en tu cuaderno. Utiliza aproximadamente 100 palabras.**

Hola Juan:

¿Qué tal? ¿Qué haces el fin de semana? ¿Quedamos para desayunar? Podemos ir a la churrería del barrio que hacen esos churros con chocolate tan buenos y esas tostadas que tanto te gustan.

Al mediodía mi padre nos ha invitado a comer sardinas. Dice que puedes traer una ensalada si quieres. Van a venir mis primos. Tú conoces a Pedro. Le gusta comer mucho, pero detesta el pescado. Por eso él va a traer pechuga de pollo por si no quieres comer sardinas.

Después por la tarde hacen la película. Ya tengo las entradas. Es larga, así que mejor que nos llevemos algo para comer más tarde y un refresco.

¿Y después del cine? ¿Has pensado lo que podemos hacer? ¿Dónde quieres ir a comer? ¿Y qué tipo de comida quieres? Después podemos hacer alguna cosa divertida.

Espero tu respuesta,

Miguel

9 **Escribe diez frases con las dos cajas de texto.**

cuchillo	cuchara	leche	plato	tenedor	vaso

sucio/a	grande	me hace falta	pequeño/a	frío/a

Ejemplo:
El cuchillo está sucio.

3.1: ¿Qué vacaciones prefieres?

1 (ABC XYZ) **Escribe respuestas a las siguientes preguntas en tu cuaderno. Utiliza frases completas y justifica tus respuestas.**

Ejemplo:

Durante mis vacaciones prefiero descansar porque ...

¿Durante tus vacaciones prefieres descansar o hacer muchas actividades?

   a   ¿Crees que es importante hacer deporte en vacaciones?

   b   ¿Qué te ayuda más para desconectar de la rutina, hacer turismo o tomar el sol?

   c   ¿Prefieres las vacaciones con tu familia o con tus amigos?

   d   ¿Crees que ir a un museo es divertido?

   e   ¿Prefieres ir a la playa o a la montaña?

   f   ¿Te gusta más viajar en tu país o ir al extranjero?

   g   ¿Has visitado más de 10 países?

   h   ¿Prefieres las vacaciones de verano o las de invierno?

   i   ¿Crees que tienes muchas vacaciones?

2 (ABC XYZ) **Lee el texto y rellena los huecos con las palabras del cuadro.**

10 cosas que un adolescente puede hacer en verano

La llegada del verano es un problema para los padres de algunos adolescentes. Sus hijos se

quedan en .....*casa*..... o salen con sus .... y no hacen otra cosa, y ellos se desesperan

porque chicos y .... no aprovechan el tiempo y además se quejan de que se aburren.

Aquí tienes algunas ideas para que tu hijo/a adolescente aproveche bien su verano:

   1   .... de aventura. Existen multitud de asociaciones que organizan campamentos al aire
   .... Ayuda a tu hijo/a a buscar entre ellos aquel que más le guste.

   2   Un nuevo deporte. Si hay algún deporte que le guste y que hasta ahora no haya practicado,
   éste puede ser el momento de intentarlo. Ayúdale a buscar el .... dónde puede hacerlo.

   3   Convertirse en salvavidas. Algunas .... como Cruz Roja ofrecen cursillos para convertirse
   en salvavidas.

   4   Teatro. Una buena forma de pasar el .... es entrar en el mundo de la escena. Puede ser
   en un campamento dedicado al teatro o puede ser en algún .... de aficionados que
   admita adolescentes. Investiga lo que hay en tu ciudad.

5 .... un club de lectura. Otra magnífica actividad para el verano, un club de lectura, con amigos, con niños más pequeños de vuestras amistades … las posibilidades son múltiples y la actividad es formativa y placentera.

6 Organizar un cineclub. Si lo que le gusta a tu hijo/a adolescente es el cine, puede organizar para el verano un cineclub con sus amigos. Deberá hacer una lista de películas, buscar esas películas y programar la actividad. Ver buen cine y comentarlo después con el resto de los .... es una actividad muy interesante.

7 Aprender a cocinar. Solo o en un curso. También aquí las posibilidades son muchas, además toda la .... se puede beneficiar.

8 Intercambio internacional. Una buena forma y no excesivamente cara para conocer otros .... y su cultura y aprender o practicar otro .... es hacer un intercambio internacional. Tu hijo/a adolescente pasará unas semanas viviendo con una familia de otro país y el hijo/a de esa familia pasará otras semanas viviendo con vosotros.

9 Voluntario en un zoológico. Si lo que le gustan a tu hijo o hija son los ...., haz que se informe sobre si los zoológicos cercanos a vuestra casa aceptan adolescentes voluntarios en verano, muchos lo hacen.

10 Empezar a tocar un instrumento. Si le gusta la .... pero nunca se ha decidido a tocar un instrumento, éste puede ser el momento. Solo deberá buscar un ....

amigos	animales	campamentos	~~casa~~	chicas
	espectadores	familia	grupo	idioma	libre	lugar
música	organizaciones	organizar	países	profesor	verano

3 🔤 **Después de leer el texto contesta a las siguientes preguntas en tu cuaderno según tu opinión. Justifica tus respuestas. Intenta hacer comparaciones y utilizar diferentes expresiones.**

Ejemplo:
¿Cuál de las 10 actividades te gusta más?

Me gusta más el club de lectura porque me encanta leer. Me gusta más que el cine o la aventura porque …

a ¿Cuál te parece más educativa?

b ¿Cuál crees que es menos interesante?

c ¿Qué actividad te parece más apropiada para hacer con un amigo/a?

d ¿Cuál piensas que es mejor para un clima cálido?

4 Cambia las siguientes frases utilizando la estructura ir + infinitivo.

Ejemplo:

visito monumentos y saco muchas fotos

voy a visitar monumentos y sacar muchas fotos

a recorro todo el norte de Europa

....

b descanso todo el fin de semana

....

c hago compras en el centro comercial

....

d paso las vacaciones en casa de mis abuelos

....

1 Busca en la sopa de letras 17 medios de transporte del cuadro.

s	i	a	b	c	c	a	m	i	b	e	e
n	x	c	m	i	c	b	o	r	h	t	e
t	a	o	r	e	c	u	r	c	e	a	i
o	t	p	o	b	a	i	o	n	o	ó	o
o	r	e	t	p	ó	c	i	l	e	h	p
v	e	e	o	r	p	t	l	x	n	n	p
b	n	n	m	c	a	a	e	o	ó	r	l
t	a	v	o	p	b	n	t	i	t	o	e
r	t	r	l	a	c	d	v	i	ó	r	e
o	a	o	c	v	t	a	c	í	n	t	e
e	ó	t	i	o	a	r	e	v	a	e	m
n	r	a	c	o	t	u	a	a	a	m	s

patinete	moto	tranvía	bici	caballo	avión	ciclomotor
metro	autocar	tren	barco	patines	andar	coche
~~helicóptero~~	taxi	crucero				

2 Adivina a qué medio de transporte se refieren las siguientes definiciones.

1 Es el mejor medio de transporte para hacer viajes largos porque es rápido y práctico.

avión

2 Es un medio de transporte práctico porque sirve para hacer ejercicio y es más rápido que andar.

3 Es cómodo porque puedes caminar, comer, ir al servicio y no hace mucho ruido. Además puedes llevar mucho equipaje.

....

4 Está bien para ir al centro porque hay muchas paradas. Lo malo es cuando hay atascos.

....

5 Es práctico para visitar islas.

....

6 Hay muchas estaciones y además aunque haya problemas de tráfico no importa.

....

3 🔤 **Di si estás de acuerdo o no con las siguientes frases. Escribe las respuestas en tu cuaderno y corrige aquellas con las que no estés de acuerdo.**

1 Las bicicletas tienen cinco ruedas.

2 Se puede conducir una moto con 10 años (de edad).

3 El avión es más barato que el coche.

4 Ir en barco es más cómodo que en avión.

5 Viajar en metro es menos rápido que ir en coche.

6 Andar es igual de relajante que hacer senderismo.

7 Los autobuses son más ecológicos que los trenes.

8 Un crucero es más relajante que un viaje en tren.

9 El autobús es más barato que el tren.

10 Ir en moto es más peligroso que ir en coche.

4 **Basándote en la lista de transportes del ejercicio 1, escribe en tu cuaderno:**

¿Cuál es el más ecológico?

Pienso que el transporte más ecológico es …

¿Cuál es el menos ecológico?

¿Cuál es el más barato/caro?

¿Cuál es el más (in)cómodo?

¿Cuál es el más/menos saludable?

¿Cuál es el más/menos práctico?

Justifica tus respuestas.

3.3: Tipos de alojamiento durante las vacaciones

1 Escribe unas respuestas a las siguientes preguntas sobre los tipos de alojamiento que prefieres:

¿Prefieres quedarte en hoteles o en pensiones?
¿Por qué?

Prefiero quedarme en hoteles porque son más ...

¿Crees que hacer camping es divertido? ¿Por qué?

¿Conoces algún hotel que recomendarías? ¿Por qué?

¿Prefieres los hoteles en la costa o en el centro? ¿Por qué?

¿Cuál es el peor hotel que conoces? ¿Por qué?

¿Qué tipo de alojamiento prefiere tu familia?

2 Adivina el alojamiento.

1 No hay piscina pero está cerca de la playa y mi habitación es muy lujosa.

2 Me gusta la naturaleza, así que es perfecto para mí.

3 Es como un hotel pero mucho más barato.

4 Me encanta conocer a otros estudiantes. Es muy interesante.

hostal camping hotel albergue juvenil

46

3 **En tu cuaderno, escribe un folleto anunciando un hotel o camping. Escribe al menos 80 palabras. Incluye la siguiente información:**

- Nombre del establecimiento
- Localización
- Servicios que se ofrecen
- Tipo de alojamiento disponible (camas, parcelas …)

- Público al que se dirige
- Teléfono de contacto
- Correo electrónico

4 **Rellena los huecos de las siguientes frases con los pronombres interrogativos adecuados.**

Hola, buenos días, ¿en .... puedo ayudarle?

Hola, quería saber .... está el hotel.

El hotel está a 3 kilómetros del centro.

¿ .... se puede llegar?

Puede venir en coche o en tren. La estación no está muy lejos.

¿ .... puedo aparcar?

Tenemos un aparcamiento detrás del hotel. ¿Para .... personas?

Somos cuatro personas.

¿ .... se llama?

Me llamo Pedro Gutiérrez.

¿ .... van a llegar?

El próximo miércoles a las 4.

¡Perfecto!

Hasta luego.

cuántas	qué	cuándo	dónde	cómo

1 Habla con tu compañero/a sobre las mejores actividades para hacer en las siguientes situaciones, explicando por qué:

Ejemplo:
Cuando estás en la playa y hace calor lo mejor es nadar porque es divertido y refrescante.

- Cuando estás en la playa y hace calor
- Cuando estás en la playa pero está nublado
- Cuando estás en la montaña y hace mucho frío
- Cuando estás en la montaña y hay mucha nieve
- Cuando estás en una gran ciudad con tus padres
- Cuando estás en una gran ciudad con tus amigos
- Cuando estás en un viaje escolar
- Cuando estás de camping con tus amigos

2 **Completa las frases con verbos en pretérito.**

1 El fin de semana pasado ....fui.......... (ir) a la playa.

2 .... (bañarse) en el mar y .... (nadar) mucho.

3 Por la tarde mi hermano .... (venir) a vernos y .... (jugar) con nosotros al fútbol.

4 Mis padres .... (hacer) una barbacoa y todos .... (comer) mucho.

5 Mi hermana no .... (querer) venir porque dice que la playa es aburrida.

6 .... (hacer) mucho sol todo el día así que .... (ponerse) morenos.

7 A mi padre le .... (picar) muchos mosquitos y .... (enfadarse) mucho.

8 Mi hermano .... (reírse) mucho porque le .... (parecer) muy gracioso.

9 No .... (poder) comprar helados porque .... (ir) a una playa muy remota.

10 Para volver a casa .... (andar) mucho y luego ....(tener) que coger un autobús.

3 Escribe en tu cuaderno el diario de un día cualquiera de tus vacaciones. Utiliza el ejemplo como modelo:

Mi diario de vacaciones

Miércoles 15 de agosto

9:00	Me desperté ¡Normalmente me despierto a las 6:30!
9:15	Me levanté (después de ver la tele en la cama un rato), me duché y me vestí.
9:30	Desayuné con mis padres. Comimos chocolate con churros para celebrar el cumpleaños de mi tía.
11:00	Salí a pasear con mis primos.
12:00	Monté a caballo.
14:00	Comí en casa con mis padres.
16:00	Fui a la playa con mis amigos y mis padres. Nadé en el mar y comimos helados.
19:00	Volvimos a casa.
20:00	Tomamos una paella que hizo mi tío.
22:00	Me acosté después de leer un rato.

---

4 En cada frase hay un verbo que no tiene sentido. En tu cuaderno, escribe la versión correcta utilizando los verbos del recuadro en el pretérito:

1 Ayer ~~bailé~~ _nadé_ en el mar.

2 El año pasado puse un crucero con mis primos.

3 Ayer no dije a la playa porque los miércoles siempre voy al cine.

4 Ellos supieron a la montaña y nadaron en la nieve.

5 Mi hermana supo un libro muy interesante.

6 Hubimos muchas fotos porque mi padre vino una cámara nueva.

7 Fuimos montañismo y nos encontramos.

8 Ayer no hicimos ir a cenar fuera. Supimos en casa y bebimos una película.

comer	comprar	esquiar	ir	hacer	hacer
leer	~~nadar~~	perderse	poder	sacar	subir	ver

5 Habla con tu compañero/a. Describe unas vacaciones explicando qué actividades hiciste hasta que adivine qué tipo de vacaciones fueron.

3.5: ¿Qué tiempo hace?

1 **Completa las siguientes frases. Intenta ser creativo y, si puedes, explica por qué:**

Ejemplo:
Hay relámpagos, hoy no se puede ir de pesca porque es peligroso.

a Hace mucho sol, es un día perfecto para . . .

....

b Hace bastante frío, es un día perfecto para . . .

....

c Está lloviendo a cántaros, es un día perfecto para . . .

....

d Está nevando, es un día perfecto para . . .

....

e Hay granizo, es un día perfecto para . . .

....

f Hay neblina, hoy no se puede . . .

....

g Hay lluvias torrenciales, hoy no se puede . . .

....

h Está nublado, hoy no se puede . . .

....

i Hace mal tiempo, hoy no se puede . . .

....

2 **Imagina que estás trabajando en una agencia de viajes. Tienes cuatro clientes y cuatro destinos. Elige el mejor destino para cada familia y escribe en tu cuaderno un pequeño comentario explicando por qué.**

Coruña	
Temperaturas: 20–30°C	Tormentas ocasionales
Lluvias ocasionales	Nubes ocasionales
Viento en la playa	

Madrid	
Temperaturas: 35–40°C	Nada de lluvia
Clima seco	No hace viento
Soleado todo el tiempo	

Málaga	
Temperaturas 25–35°C	Siempre soleado
Poco viento	Calor por las noches

Zaragoza	
Temperaturas: 25–35°C	Viento por las mañanas
Fresco por las noches	Mucho sol por las tardes

Familia Rodríguez

Vivimos en un sitio donde hace mucho frío, así que estas vacaciones queremos visitar un sitio con mucho sol. No nos gusta la playa pero queremos tener mucho calor y nada de humedad.

Ejemplo:
Pienso que el mejor destino para ustedes es <u>Madrid</u> porque hace calor pero es un clima seco, y también, ¡ no tiene playa!

Familia Sánchez

Queremos ir a la playa algunos días pero también hacer paseos. Nos gusta hacer windsurf así que necesitamos viento. Nos gusta el calor pero no todos los días.

Familia Gutiérrez

Nos gusta mucho el sol pero necesitamos temperaturas bajas por la noche. No nos gusta mucho la playa.

Familia Suárez

Vivimos en el interior así que durante las vacaciones queremos ir a la playa. Preferimos un sitio con mucho calor y no nos gusta nada el viento.

3 Completa las siguientes frases con el pretérito imperfecto.

a Ayer .... hacía .... (hacer) frío así que me quedé en casa.

b El otro día .... (llover) mucho cuando me levanté.

c Como .... (haber) una tormenta tuvimos que retrasar el viaje.

d Cuando era más pequeño siempre .... (nevar) durante las vacaciones.

e Ayer no pudimos ir a la playa porque .... (estar) nublado.

f Anoche no pude dormir ya que .... (granizar).

4 **Contesta a las siguientes preguntas en pretérito pero incluye una justificación en imperfecto.**

Ejemplo:
¿Adónde fuiste ayer? – Fui a la playa porque hacía mucho sol.

a   ¿Qué actividades hiciste en vacaciones?

....

b   ¿Te lo pasaste bien?

....

c   ¿Qué comiste ayer?

....

d   ¿Qué te gustó más?

....

e   ¿Cuál fue el peor momento de tus vacaciones?

....

1 **Une los principios de las siguientes frases con los finales para formar consejos de salud en la playa.**

Ejemplo:

Báñate sólo en las zonas donde no hay demasiadas olas.

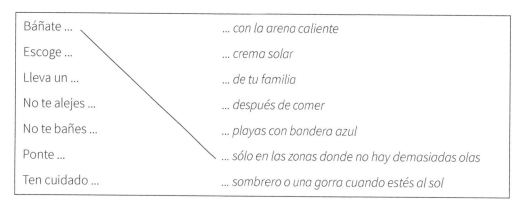

Báñate ...	... con la arena caliente
Escoge ...	... crema solar
Lleva un ...	... de tu familia
No te alejes ...	... después de comer
No te bañes ...	... playas con bandera azul
Ponte ...	... sólo en las zonas donde no hay demasiadas olas
Ten cuidado ...	... sombrero o una gorra cuando estés al sol

2 **Imagina que trabajas en una farmacia. Dale consejos a varios clientes. Escribe una frase con un consejo para cada situación.**

Ejemplo:

a Me duele mucho la cabeza.

Toma una aspirina. ....

b Tengo mucha tos.

....

c Me duele un brazo.

....

d Tengo diarrea.

....

e Tengo dolor de estómago.

....

f Creo que tengo fiebre.

....

g Me duele un dedo.

....

53

3 **Trabaja en parejas. Siguiendo el ejemplo explica qué te ha pasado, tu compañero/a te hará una pregunta (utilizando el pretérito perfecto compuesto), después contéstale.**

Ejemplo:

A: *Me duele el estómago.*

B: *¿Qué te ha pasado?*

A: *He comido demasiado pastel.*

4 **Lee el siguiente artículo sobre un accidente de tráfico y di si las siguientes frases son verdaderas (V), falsas (F) o si la información no se menciona (NM).**

> ## Accidente en el centro de Madrid paraliza la ciudad
>
> Ayer por la tarde un accidente paralizó durante horas el centro de la capital. Alrededor de las 4 de la tarde un camión tuvo una avería saliendo de una rotonda en la calle Mayor. Al tratarse de hora punta había mucho tráfico y un coche que iba a gran velocidad chocó con el camión al saltarse un ceda el paso. La moto que iba detrás del coche no pudo frenar y chocó con el coche. Como había tantos vehículos involucrados y un atasco tan grande ni la policía ni la grúa podían llegar y tardaron horas en reestablecer la circulación en el centro. Afortunadamente, a pesar de todas las inconveniencias causadas por el accidente no hubo ningún herido.

a El accidente afectó a la totalidad de Madrid. ☐

b El camión chocó con un coche. ☐

c El accidente no tuvo lugar en un cruce. ☐

d La carretera estaba casi vacía. ☐

e El coche que chocó con el camión iba muy rápido. ☐

f La moto iba muy rápido. ☐

g La policía tuvo que venir en helicóptero. ☐

h La circulación estuvo paralizada durante horas. ☐

i La ambulancia no tuvo que llevar a nadie al hospital. ☐

1 Ordena las siguientes letras para formar el nombre de algunas profesiones.

1 C A Q I T R U T E O   *arquitecto* ....

2 F S R E O P R O   ....

3 T A C R Z I   ....

4 M D C I É O   ....

5 A B D O G A O   ....

6 C P I O N R E E C S A T I   ....

7 A T N U T S R O A A   ....

8 A R D N J O R I E   ....

2 Completa las frases usando algunos de los verbos del cuadro. Usa el diccionario.

escribir		viajar			curar
	trabajar		conducir	cortar	
		jugar	hacer		plantar
representar	ahorrar			cuidar	
			ayudar		servir

Ejemplo:

Un peluquero corta el pelo a otras personas.

1 Una enfermera ....

2 Un actor ....

3 Un futbolista ....

4 Un profesor ....

5 Un periodista ....

6 Un taxista ....

3 En parejas, en vuestros cuadernos. Tirad un dado y conjugad los siguientes verbos en condicional.

estar	trabajar	ser	comer	levantarse	hablar	gustar	vivir

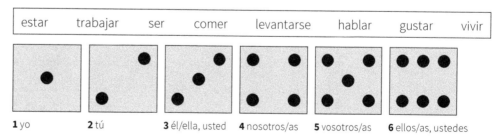

1 yo   **2** tú   **3** él/ella, usted   **4** nosotros/as   **5** vosotros/as   **6** ellos/as, ustedes

55

4 Completa el siguiente cuadro con algunos de los verbos irregulares en condicional.

salir	decir	hacer	venir	saber	poner
			vendría		
				sabrías	
saldría					
		haríamos			
					pondríais
	dirían				

5 Ordena los siguientes elementos y escribe las frases en tu cuaderno. Conjuga los verbos en el tiempo condicional.

Ejemplo:
casa / padres / comprar / una / playa / para / mis / yo / en / la
Yo compraría una casa para mis padres en la playa.

1 ¿te / cine / al / gustar / ir / conmigo ?

2 dormir / nosotros / en / hotel / poder / un

3 el / en / gustar / trabajar / arquitecta / futuro / me / como

4 vosotros / esta / los / película / para / ser / actores

5 no / Londres / en / a / ir / yo

6 Completa el texto usando todas las palabras del cuadro.

trabajadores/personas	pan	noticias	me ducho/me lavo	me pongo	voy
casas	panadero(a)	con	~~trabajo/profesión~~	clientes	desayuno me levanto

Me gusta mucho mi .....trabajo/profesión.... porque trabajo con las manos y estoy en contacto .... otras personas. Por la mañana .... muy temprano, sobre las 5 h. .... un café y una tostada con mantequilla. Luego ...., casi siempre con agua fría, ... mi uniforme y .... al trabajo en mi coche. En mi lugar de trabajo somos cuatro .... y aunque es muy temprano y casi no estamos despiertos, hablamos un poco del día de ayer, comentamos las .... de la radio o el periódico y empezamos a amasar. Me encanta el olor de la harina, la levadura y el calor del horno. Luego, cuando el .... ya está hecho, algunos de mis compañeros se van a sus .... pero yo me quedo en la tienda para venderlo. En general, los .... son muy simpáticos y amables.

¿Sabes a qué me dedico? Claro que sí, soy ....

7 **Mira las fotos y escribe un texto en tu cuaderno sobre las dos personas que ves en ellas. ¿En qué trabajan?, ¿Cómo es su rutina diaria?, ¿Les gusta su trabajo?, etc.**

4.2: Planes de futuro

1   Completa el cuadro y conjuga los verbos de las estructuras básicas que se usan para expresar planes:

querer (presente) + infinitivo

gustar (condicional) + infinitivo

ir (presente) a + infinitivo

querer	gustar	ir a
quieres		
	le gustaría	
		vais a

2   Escribe en tu cuaderno algunos ejemplos con tus planes de futuro usando las tres estructuras. Justifica tus respuestas.

Ejemplo:
El año próximo quiero estudiar teatro porque ....

3   Completa este correo electrónico con los verbos en la forma de futuro (ir + a + infinitivo).

Para: lorena@mail.com
De: carlapereira@gmails.es
Asunto: Mi futuro

Hola Lorena ¿Cómo estás?

Yo estoy bien y estudiando para los exámenes finales.

Una pregunta. ¿Tú crees en la los sueños?

Te lo pregunto porque he tenido un sueño y he soñado que en verano yo ....*voy a aprobar*.... (aprobar) todos los exámenes y que mis padres me .... (regalar) una guitarra eléctrica como premio. ¿Te imaginas?

También me ha dicho que mi hermana .... (adoptar) un perro. A mi hermana, la verdad, le encantaría porque ella .... (estudiar) en la Universidad y quiere ser veterinaria.

Pero lo mejor, Lorena, es que también he soñado que tú y yo .... (ser) famosas en el futuro y .... (ganar) un montón de dinero con nuestra banda de rock. Genial, ¿no?

Bueno, a ver qué pasa. Porque si los sueños se hacen realidad…

Un abrazo

Carla

4 Completa con una pregunta. Hay varias soluciones posibles.

a ¿Dónde os gustaría estudiar?
....

Nos gustaría estudiar en un país extranjero.

b ....

Durante las vacaciones, voy a hacer un período de prácticas en la empresa de mi tío.

c ....

Con 20 años me gustaría vivir con mi familia en un país de Latinoamérica.

d ....

Mis sueños son tener una casa al lado del mar y vivir tranquilamente.

e ....

Yo quiero viajar por todo el mundo después de mis estudios.

f ....

Pues no lo sé. Periodista quizás.

5 Lee este texto y transfórmalo en estilo indirecto. Escríbelo en tu cuaderno.

> Me llamo Mateo. En el futuro me gustaría trabajar en el sector de la imagen y la comunicación y mi sueño es ser un periodista famoso de la radio o la televisión. Después del instituto quiero ir a la universidad y estudiar periodismo. También, quizás por mi profesión, me gustaría viajar por todo el mundo y hacer entrevistas a políticos, artistas y gente interesante.

Ejemplo:
Se llama Mateo. En el futuro, le gustaría ....

6 Piensa en estos personajes famosos cuando tenían tu edad y escribe un texto en tu cuaderno con sus sueños y planes de futuro. Si no los conoces, piensa en una persona famosa que conozcas. Usa tu imaginación. Escribe al menos 100 palabras.

Frida Kahlo	Albert Einstein	Pablo Picasso	Princesa Diana de Gales

Ejemplo:
Hola, me llamo Frida. Me encanta pintar. En el futuro me gustaría ser artista y mi sueño es
..

7 🔵 **Escribe en tu cuaderno una composición (escribe al menos 150 palabras) en la que trates los siguientes temas:**

¿Qué sueños tienes?

¿Crees que son sueños realizables?

¿Qué vas a hacer para realizarlos?

¿Tendrías que cambiar muchas cosas de tu vida y de tu carácter para realizarlos?

¿Qué vas a hacer si no se realizan?

8 🔵 **Prepara en tu cuaderno una lista de preguntas para hacer una entrevista a uno de tus profesores u otro adulto. Pregúntale por su infancia, sus estudios, su experiencia laboral, sus sueños de futuro y escribe un texto con toda la información. Escribe al menos 150 palabras.**

4.3: Estudios y carreras

1 🔤 **Completa el cuadro. Usa el diccionario y las listas de vocabulario.**

Masculino	Femenino
médico	*médica*
	veterinaria
agente inmobiliario	
actor	
	economista
	fisioterapeuta
	enfermera
periodista	
deportista	
cantante	
	publicista
	dentista

2 🔤 **En tu cuaderno, escribe algunos ejemplos con todas las profesiones del ejercicio anterior usando la estructura "Para ser ... hay que estudiar ..." Usa el diccionario.**

Ejemplo:
Para ser médico/a hay que estudiar Medicina.

3 **Completa el siguiente cuadro con algunos de los verbos irregulares en futuro imperfecto.**

salir	decir	hacer	venir	saber	poner
			vendré		
				sabrás	
saldrá					
		haremos			
					pondréis
	dirán				

4 **Ordena los siguientes elementos y escribe las frases en tu cuaderno. Conjuga los verbos en futuro imperfecto.**

Ejemplo:
la / visitar / (yo) / semana / mis / padres / próxima / a
La semana próxima (yo) visitaré a mis padres

1 cincuenta / en / una / (yo) / campo / vivir / años / con / el / casa / en

2 2019 / (nosotros) / un / por / el / hacer / Mediterráneo / crucero / en

3 el / en / un / futuro / interesante / (yo) / tener / muy / trabajo

4 (vosotros) / durante / hotel / vacaciones / las / trabajar / en / de / verano / un

5 mis / año / padres/ no / el / a / Nueva York / ir / que / viene

5 **Completa las frases con la estructura del ejemplo.**

Ejemplo:
Si entrenas mucho, serás un buen jugador de fútbol.

1 Si llueve mucho, ...

2 ...., mis hermanos y yo visitaremos a nuestra tía.

3 Si hablas español, ...

4 ...., nuestra profesora estará muy contenta.

5 Si María saca buenas notas, ...

6 .... , podremos hacer deporte hoy por la tarde.

6 **Lee el texto y contesta a las preguntas.**

> Me llamo Claire Chavrel, soy francesa y tengo diecisiete años. Estudio en un colegio internacional en Colonia, Alemania y estoy en la clase 12. El año que viene me gustaría ir a la universidad y estudiar Derecho. Me parece que es muy importante estudiar y saber idiomas porque son la llave para poder viajar y entender a la gente del mundo.
>
> Por ejemplo, el año pasado estuve haciendo prácticas en el despacho de una abogada, amiga de mi madre, que es experta en derecho internacional y tuve que hablar inglés, francés y español por teléfono durante las dos semanas que estuve trabajando en su despacho. También escribí muchos correos en francés e inglés para nuestros socios en el extranjero.
>
> Aunque soy un poco tímida, me encantó la experiencia y creo que es lo que me gustaría hacer en el futuro.
>
> Mi hermana Louise, que es seis años mayor que yo, está estudiando Medicina en la universidad y trabajó hace dos años en Chile como médica asistente en un hospital de Santiago, la capital del país. No ganó mucho dinero pero la experiencia fue maravillosa y conoció a mucha gente súper interesante. La verdad es que fue un trabajo muy duro pero mi hermana es una persona trabajadora, con mucha energía y muy comunicativa. El problema fue que mi hermana no habla español tan bien como yo y por eso le resultó un poco difícil comunicarse con los colegas y los pacientes.
>
> Yo, para ganar un poco de dinero extra, estoy trabajando ahora mismo en una cafetería del centro de Colonia. El ambiente de la cafetería también es muy internacional y puedo seguir practicando las lenguas que conozco. Y luego, con todo el dinero que gane, viajaré por todo el mundo y haré fotos de todos los países que visite.

Preguntas:

1 ¿Quién ha trabajado en Chile?

....

2 ¿Dónde trabajó?

....

3 ¿Cuántos años tiene la hermana de Claire?

....

4 ¿Qué le gustaría ser a Claire en el futuro?

....

5 ¿Qué piensa Claire sobre las lenguas?

....

6 ¿Dónde trabaja Claire actualmente?

....

7 **Completa el currículum vitae (CV) con las informaciones de Claire y Louise.**

Información personal
Apellido(s): ....
Nombre: ....
Nacionalidad: ....
Estudios: ....
Experiencia profesional: ....
....
Personalidad/Carácter: ....

Información personal
Apellido(s): ....
Nombre: ....
Nacionalidad: ....
Estudios: ....
Experiencia profesional: ....
....
Personalidad/Carácter: ....

8 **Escribe en tu cuaderno una carta a un(a) amigo(a) para contarle tus planes para las próximas vacaciones. Escribe al menos 120 palabras.**

- Descríbele el lugar donde pasarás tus vacaciones.
- Cuéntale qué actividades harás.
- Explícale tus planes para ganar un poco de dinero durante las vacaciones.

1 🔤 **Marca la palabra que no pertenece al grupo y escribe el nombre del tema.**

a encabezado / fecha / ~~hora~~ / despedida

Tema: .... *partes de una carta* ....

b teléfono / carta / correo electrónico / libro

Tema: ....

c móvil / inalámbrico / eléctrico / fijo

Tema ....

d hablar / escribir / colgar / llamar

Tema ....

e formal / informal / privada / lenta

Tema ....

2 **Ordena y escribe estas conversaciones telefónicas en tu cuaderno.**

1

A	B
¿Dígame?	Hola, ¿está Marta?
Hola, Luisa. ¿Cómo estás?	De Luisa.
Sí, ¿de parte de quién?	Gracias.
De nada. Adiós	Estresada. Tengo un examen mañana.
¡Buena suerte con los exámenes! Ahora te paso.	Adiós.

2

A	B
Buenas tardes. Hotel "Mar Azul".	Sí, claro. Soy Cecilia López Robledo.
Lo siento, pero tiene una reunión.	Buenas tardes. ¿Podría hablar con el Sr. Rubio?
De acuerdo. ¿Me dice su nombre, por favor?	Entonces le llamaré un poco más tarde.
Muchas gracias.	Gracias a usted.
De nada. Hasta luego.	

3 Una de las dos conversaciones es formal. ¿Qué elementos nos ayudan para saberlo? Escríbelos aquí abajo:

....

....

....

....

....

....

4 Completa el cuadro conjugando los tiempos correctos según la concordancia del estilo directo/indirecto.

Estilo directo (ED)	Estilo indirecto (EI)
"hablo"	*Dijo que hablaba*
	Dijo que había comido
"vas a comprar"	
"estudiasteis"	
	Preguntó si vendrías
"habías comido"	
	Dijo que lo conocía

5 Transforma al estilo directo.

1 Paco dijo que no podía estudiar por las noches porque llegaba a su casa muy cansado.

Paco: *"No puedo estudiar por las noches porque llego a casa muy cansado."*

2 La profesora dijo que sus alumnos querían hacer más actividades divertidas.

Profesora: ....

3 El Sr. Moreno dijo que iba a llamar por teléfono desde nuestra oficina.

Sr. Moreno: ....

4 María preguntó si había un médico en la sala.

María: ....

5 Su padre comentó que había estudiado en una universidad americana.

Padre: ....

65

6 Transforma al estilo indirecto.

1 Javier: "Estoy seguro de que ya he visto a esta persona en algún sitio."

Javier dijo que estaba seguro de que ya había visto a esa persona en algún sitio.

2 Profesor: "¿Habéis terminado el examen o necesitáis más tiempo?"

El profesor ....

3 Rosa: "La semana que viene me levantaré más temprano si quiero llegar a tiempo."

Rosa ....

4 Sra. Pereira: "Mi hermano estuvo conmigo en Madrid cuando yo tenía 27 años."

La Sra. Pereira ....

5 Alumna: "No me gusta trabajar en grupos porque siempre trabajo solo yo."

La alumna ....

7 **Escribe una carta a una escuela para solicitar un puesto como profesor (a) por horas. Has leído un anuncio en el periódico y tus funciones serían dar clases de apoyo a niños que necesitan ayuda en matemáticas e inglés. Escribe aproximadamente 150 palabras. Haz algunas preguntas como: posibilidad de hacer una entrevista, horarios de trabajo, salario, etc.**

1  **Completa este crucigrama.**

Vertical

1 Persona que quiere obtener un trabajo

2 Persona que dirige una entrevista de trabajo

3 Documento con los datos personales, experiencia, etc. del candidato

4 Reunión de dos o más personas para tratar un asunto profesional

Horizontal

5 Dinero que reciben los trabajadores

6 Jefe de una empresa

7 Características que el candidato debe tener

2 **Escribe en tu cuaderno una pregunta para estas respuestas. Hazlo en estilo formal y usando la forma usted.**

1 Mi nombre es Nuria Ceballos Huerta. *¿Cómo se llama (usted)? / ¿Cuál es su nombre?*

2 He trabajado como recepcionista durante unas prácticas de 6 meses.

3 Soy una persona muy trabajadora, comunicativa y un poco impaciente.

4 Vivo en la calle Fernando Po, número 26. En Madrid.

5 Estudio en el Instituto Internacional de Madrid.

67

6 Tengo un hermano y dos hermanas.

7 Tengo 16 años.

8 Me gustaría estudiar en la universidad y trabajar en el sector del turismo.

3 Inventa un currículum vitae (CV) para el personaje de un libro o de una película que te gusten. Escríbelo en tu cuaderno, basándote en las siguientes categorías:

Experiencia profesional	Aficiones	Capacidades y habilidades
Formación académica	Datos personales	Idiomas

4 Imagina la entrevista entre un director de la empresa y una candidata al puesto. Escribe el diálogo en tu cuaderno.

Director: ¿Cómo se llama?

Candidata: Me llamo ....

5 Completa el siguiente cuadro en el presente de subjuntivo.

hablar	escribir	hacer	ir	salir	ser
			vaya		
				salgas	
hable					
		hagamos			
					seáis
	escriban				

6 Completa las frases con un verbo en el presente de subjuntivo.

1 Es importante que el/candidato/a…

....

2 En esta empresa es posible que…

....

3 Para nuestra firma es fundamental que los trabajadores…

....

4 El/La candidato/a no cree que…

....

5 Para conseguir el trabajo es bueno que…

....

6 Quizás la directora de la empresa…

....

7 (ABC XYZ) **Imagina cómo sería la empresa ideal en la que tú serías el/la director/a. Usa tu imaginación y piensa en horarios, lugar de trabajo, colegas, funciones, vacaciones, etc. y escribe en tu cuaderno un texto para presentar la empresa. Escribe aproximadamente 150 palabras. Luego haz una presentación oral para toda la clase.**

8 **La empresa de tus sueños está buscando trabajadores y empleados. Escribe un anuncio para buscar candidatos/as.**

(Nombre de la empresa)

Buscamos: (puesto/trabajo/profesión)

(Descripción del trabajo)

(Requisitos)

(Persona/Teléfono/Dirección de contacto)

....

....

....

....

....

....

....

....

....

9 (ABC XYZ) **En parejas. Escribid en vuestros cuadernos un diálogo sobre una entrevista de trabajo para conseguir un puesto en la empresa de tus sueños. Luego, representadla de forma oral.**

1 Encuentra las monedas de los siguientes países: Dinamarca, Marruecos, Camerún, Brasil, Japón, España, Argentina, Reino Unido, Estados Unidos y Rusia

Y	A	C	I	W	M	N	D	G	P	T	N	H	X	Y	K	P
E	E	B	A	I	C	A	D	R	E	C	I	Y	T	U	W	F
M	R	N	E	R	E	A	L	P	S	Z	A	E	W	N	G	T
D	O	V	U	Z	J	B	F	R	O	M	R	G	A	J	X	S
D	O	W	R	P	E	H	F	J	F	O	I	O	Z	S	D	Y
O	N	L	O	I	J	F	U	O	H	N	E	T	S	X	R	Z
H	S	A	A	G	P	E	U	T	I	A	H	W	A	I	B	M
C	K	Y	O	R	G	P	Y	Y	Q	I	U	D	D	Z	F	U
U	U	A	J	I	Q	Y	Z	G	G	I	E	I	R	M	E	O
K	G	A	I	Y	R	P	G	M	Q	Z	I	F	I	K	V	M
D	O	K	O	Y	L	P	L	M	A	U	D	I	R	H	A	M
J	O	U	C	O	R	O	N	A	G	K	N	O	M	K	L	L
I	U	H	O	E	N	E	S	R	G	O	M	U	U	G	I	U
W	O	N	O	E	F	R	A	N	C	O	Y	I	E	Y	B	N
U	X	T	U	B	Q	G	Y	U	T	U	P	Y	B	S	R	Z
J	E	I	C	R	N	F	E	O	Y	X	J	E	J	E	A	N
F	G	A	U	H	E	Q	K	N	X	H	C	R	U	B	L	O

2 ¿Conoces otras monedas? Escríbelas en tu cuaderno con el nombre de su país.

3 Completa el nombre de estas actividades para ganar dinero extra con las letras que faltan.

1 L a v a r el c o che

2 P_s__ral p_rr_

3 H__er de c__g_r_

4 C__ta_ el _ès__d

5 D_r cl__es pr__a_as

6 R_par_ir el pe__ó_di_o

4 **Escribe tu opinión sobre las siguientes frases y citas sobre el dinero. ¿Estás de acuerdo? Argumenta tus opiniones.**

1 "El dinero no da la felicidad pero ayuda a alcanzarla." (refrán popular)

....

....

2 "El dinero no es malo. Es malo usarlo mal." (Gandhi, político y pensador indio. 1869–1948)

....

....

3 "El más rico de todos los hombre es el ahorrativo. El más pobre es el avaro." (Chamfort, escritor francés. 1741–1794)

....

....

4 "El dinero es una llave de oro que abre todas las cerraduras." (Wieland, escritor alemán. 1733–1813)

....

....

5 **Lee este texto y ponle un título. Señala en el texto las palabras e informaciones claves y escribe en tu cuaderno un resumen.**

> Título: ....
>
> Según el instituto nacional de la juventud, el 88% de los jóvenes gasta su dinero cuando sale de bares y de copas con los amigos al menos una vez al mes, el 57% va al cine o al teatro alguna vez al mes y el 45% frecuenta discotecas mensualmente. En lo que menos gastan su dinero los jóvenes es en máquinas de juegos y recreativos.
>
> El tipo de gastos entre las chicas y los chicos está bastante igualado, a excepción de algún caso como es el caso de la moda o la música y el transporte en los chicos. Según los datos estadísticos del instituto nacional de la juventud, las chicas suelen gastar más dinero en ropa y zapatos que los chicos. Por esta razón, las chicas disponen de menos dinero que los chicos para comprar, por ejemplo, artículos del sector de la música como CDs, discos o instrumentos musicales.
>
> Por lo general, otros aspectos en los que la mayoría de la juventud piensa a la hora de invertir su dinero son viajar o poseer un vehículo (bicicleta, moto, coche ...) de su propiedad.
>
> Las aficiones como la lectura, el teatro o el deporte ocupan uno de los últimos lugares en el ránking de gastos de los jóvenes y es uno de los aspectos en los que los jóvenes de ambos sexos menos invierten su dinero.

6   Lee este texto de presentación de la cadena "Supermercados Rico" y completa la ficha.

> Mi nombre es Gabriel Rico y soy el director general de "Supermercados Rico". Nuestros supermercados son unos de los más importantes del sector "alimentación y servicios" de Colombia y estamos en un proceso de gran expansión por todo el país. Y por eso, estamos buscando nuevos trabajadores para nuestros nuevos supermercados en Cartagena.
>
> Concretamente, necesitamos cubrir puestos de cajeros y cajeras con personas de entre 18 y 25 años, con estudios primarios terminados, con experiencia en el sector y con ganas de trabajar en equipo.
>
> Igualmente, como Cartagena es una ciudad visitada por miles de turistas de todo el mundo, se valorará tener conocimientos de inglés y francés.
>
> Las personas interesadas deberán llamar por teléfono al número 934 78 24 o escribir un correo electrónico dirigido a la Sra. Bueno a la dirección supermercadorico@colombia.com
>
> ¿Quieres trabajar con nosotros?

Nombre de la empresa:

Sector: ....

Lugar: ....

Trabajo/Puesto: ....

Requisitos: ....

Teléfono/Dirección de correo de contacto: ....

Persona de contacto: ....

7   Inventa tu currículum vitae (CV) y escribe en tu cuaderno una carta de presentación a "Supermercados Rico" solicitando un puesto como cajero/a en su nuevo supermercado de Cartagena.

8   Escribe en tu cuaderno el diálogo de la entrevista de trabajo para "Supermercados Rico" entre el Sr Rico y tú.

Ejemplo:

Sr Rico: ¿Cómo te llamas?

TÚ: Me llamo ...

SR: y, ¿por qué quieres trabajar con nosotros?

TÚ: Bueno, porque ...

5.1: El estado del planeta

1 **Ordena las siguientes letras para formar palabras relacionadas con problemas medioambientales.**

a soL leamsina ne ioreplg de ecxinitón ...... Los animales en peligro de extinción .....

b La ftlaa ed nzoas resdev ....

c aL usidacde ed sla clalse ....

d aL detfaieorcsón ....

e La mncnaoitación edl gaau ....

f La uesqía ....

g El mtlnateeoianc glolab ....

h soL esdionnci ....

i La tncnmaoiciaón acúsiatc ....

2 **A continuación tienes una serie de afirmaciones sobre el medio ambiente. Escribe en tu cuaderno si estás de acuerdo o no y por qué. Escribe entre 20 y 30 palabras para cada afirmación.**

Ejemplo:

Los jóvenes no contaminan.

Estoy de acuerdo porque los jóvenes no tienen coches y normalmente circulan a pie, así que no contaminan el aire.

a La contaminación acústica no es un problema.

b Las inundaciones son más peligrosas que los incendios.

c En las ciudades no hay suficientes zonas verdes.

d Las calles están demasiado sucias.

3 Lee el siguiente texto sobre la contaminación acústica.

El ruido nos invade

Cada vez hay menos momentos de silencio y mucha gente se preocupa por el efecto que este fenómeno puede tener en la salud de la gente. No es raro oír a la gente quejarse del ruido que originan los aeropuertos, las autopistas o las obras en la calle, pero pocas veces nos preocupamos por el exceso de aquellos sonidos que normalmente no entran dentro de la categoría de 'ruido'.

Sin habernos dado cuenta la música ha invadido nuestras vidas. Hoy en día es casi imposible entrar en una tienda, un restaurante o una cafetería y no escuchar música. De hecho se ha convertido en algo tan normal que si vamos a un centro comercial y no hay música notamos que hay algo que falta. Esta música que forma parte de nuestras vidas cotidianas varía, música clásica en un ascensor, pop en una cafetería, jazz en un restaurante ... y en muchos casos se trata de música de baja calidad, producida en masa para evitar el silencio.

Por supuesto que la música en sí misma es algo maravilloso que nos hace más humanos, pero los expertos en medicina y psicología están preocupados por los efectos que esta dependencia puede llegar a tener. Hoy en día hay gente que no puede dormir si hay demasiado 'silencio' y esto es algo preocupante.

Di si las siguientes frases son verdaderas o falsas y justifica las falsas.

	V	F
Hay mucho silencio.		
Justificación:		
La gente no se queja del ruido de los aeropuertos.		
Justificación:		
Todos sabemos que la música ha invadido nuestras vidas.		
Justificación:		
En casi todas las tiendas hay música.		
Justificación:		
En todos los lugares públicos hay la misma música.		
Justificación:		
Mucha de la música que escuchamos no es buena.		
Justificación:		

4 **Rellena los huecos de las frases siguientes con la forma correcta de los pronombres indefinidos.**

a Hoy en día hay ....muchos.......... (tanto, ningunos, muchos, pocas) problemas medioambientales.

b La sequía es .... (tanto, algún, cualquier, mucho) peor que los incendios.

c .... (demasiados, demasiadas, todos, todas) personas tiran papeles al suelo.

d Hay muchos problemas que afectan al medioambiente .... (otros, pocos, tales, ciertos) como el efecto invernadero o el calentamiento global.

e ....(algunas, tales, todos, tal) personas compran coches eléctricos que contaminan .... (otro, poco, tal, ningún).

75

1 Une los siguientes tipos de energía con sus definiciones.

Carbón	Es la energía que utiliza el calor del sol.
Energía eólica	Es la energía que utiliza la fuerza del viento.
Energía hidráulica	Es un combustible líquido negro y espeso.
Energía nuclear	Es un combustible negro y sólido.
Energía solar	Es la energía que utiliza la fuerza del agua de un río.
Gas natural	Es una energía que puede ser peligrosa.
Petróleo	Es un combustible que no es ni sólido ni líquido.

2 Habla con tu compañero/a. Decidid a qué tipo de energía hacen referencia las siguientes opiniones.

Yo creo que es una energía estupenda porque es limpia y renovable. El único problema es que se necesita tener buen tiempo.

Ejemplo:
energía solar

Creo que no es una energía muy buena porque si hay un accidente puede haber muchas víctimas.

Es una energía útil pero el problema es que las reservas mundiales se van a acabar pronto y necesitamos otro combustible para los coches.

Me gusta porque es un tipo de energía limpia, pero lo que no me gusta nada es que estropea el paisaje de las zonas rurales.

No me gusta nada porque el humo que se produce al quemarlo es negro y ensucia los edificios.

76

3 **Lee el siguiente texto.**

La huella de carbono en nuestra vida cotidiana

Cuando oímos hablar de huella de carbono pensamos en coches, aviones y fábricas, pero hay muchas otras actividades cotidianas que generan más CO_2 y no somos conscientes de ello. Un acto cotidiano como tomarse un café con leche contribuye a la emisión de dióxido de carbono y al efecto invernadero. Posiblemente, el café ha sido cultivado a miles de kilómetros de distancia y transportado numerosas veces. Por otra parte la leche es de origen animal y criar vacas tiene un efecto pernicioso en el medio ambiente. 1 kg de queso genera la misma cantidad de CO_2 que conducir un coche durante 6 km, algo en lo que normalmente no pensamos.

Actos cotidianos como utilizar el ordenador también contribuyen a nuestra huella de carbono.

Enviar un correo electrónico genera 4 g de CO_2 y si el email tiene un archivo adjunto pesado 50 g de CO_2. Si pensamos en la cantidad de correos que enviamos al día y calculamos cuántos son al año, las cifras son alarmantes. Cuanto más potente o grande sea el ordenador que estamos utilizando más dióxido de carbono utilizamos, una situación que se repite con los televisores, que cada vez son de mayor tamaño.

Vivir genera una vida cotidiana así que es imposible reducir por completo el dióxido de carbono que producimos, pero si hacemos pequeños cambios en nuestras rutinas como consumir productos locales y reducir el tiempo que pasamos utilizando aparatos electrónicos podemos mejorar la situación del planeta considerablemente.

Contesta a las siguientes preguntas en tu cuaderno.

1 ¿Qué relación tiene el café con la huella de carbono?

2 ¿Por qué tomar café solo en vez de café con leche es más ecológico?

3 ¿Enviar un correo electrónico pequeño es más ecológico que enviar uno grande? ¿Por qué?

4 ¿Es posible eliminar por completo la huella de carbono?

4 **Lee el siguiente texto y di si las frases que tienes a continuación son verdaderas o falsas. Corrige las falsas con una justificación.**

Formas originales de producir electricidad

Hoy en día casi todos somos conscientes de la importancia de reducir la cantidad de energía que consumimos. Desgraciadamente la vida moderna requiere cada vez más electricidad y resulta imposible no consumirla. Científicos de todo el mundo están trabajando para desarrollar nuevas formas de producir energía.

Piezoelectricidad

Algunos materiales generan un campo eléctrico en respuesta al estrés mecánico. Este principio resulta muy interesante ya que se podría utilizar en carreteras, aceras o incluso en la suela de nuestros zapatos para producir electricidad. La instalación sería cara y lenta pero las posibilidades son infinitas.

Energía solar en el espacio

Las placas solares tienen la desventaja de que solo funcionan durante el día, un problema que se solucionaría instalando las placas solares en el espacio extraterrestre donde podrían funcionar 24 horas al día. La instalación sería complicada y además hay el problema de cómo transportar a la tierra la energía generada, aunque los científicos están considerando un sistema de microondas para solucionar el problema.

Bicicletas estáticas

El movimiento que se produce al pedalear en una bicicleta estática se puede convertir fácilmente en energía eléctrica sin mucho coste. Si utilizamos este sistema en los gimnasios y centros deportivos la electricidad producida se podría utilizar para recargar teléfonos móviles o para la iluminación. Sin duda será difícil convencer a los dueños de los gimnasios, pero la inversión a largo plazo sería rentable.

		V	F
1	La mayoría de la gente sabe que es importante consumir menos energía. *Justificación:*		
2	Si queremos podemos no consumir electricidad. *Justificación:*		
3	Algunos materiales generan campos eléctricos todo el tiempo. *Justificación:*		
4	La piezoelectricidad se puede aplicar en muchas situaciones. *Justificación:*		
5	Las placas solares en el espacio podrían funcionar de forma constante. *Justificación:*		
6	Transportar la energía eléctrica producida en el espacio a la tierra es imposible. *Justificación:*		
7	Las bicicletas estáticas pueden producir energía por poco dinero. *Justificación:*		
8	Las bicicletas estáticas pueden producir energía para la industria. *Justificación:*		

1 **Une las palabras de la izquierda con las palabras de la derecha que significan lo contrario.**

Ejemplo:

limpio – sucio

limpio	abundancia
falta	descuidado
controlado	en el interior
espacios verdes	global
muchos	incontrolado
al aire libre	poco importante
cuidado	pocos
grave	todo el mundo
local	sucio
nadie	zonas edificadas

2 **Pon las palabras de las siguientes frases en el orden correcto.**

1 gente / tira / qué / No / al / la / entiendo / por / papeles / suelo

No entiendo por qué la gente tira papeles al suelo

2 pintadas / ciudad / hay / muchas / históricos / mi / en / En / edificios

....

3 del / es / La / contaminación / problema / un / aire / muy / grande

....

4 transportes / falta / problema / públicos / Creo / es / grave / la / de / muy / que / un

....

5 el / todo / demasiado / ciudad / el / mi / utiliza / coche / mundo / En

....

3 **Practica con tu compañero/a las siguientes preguntas de forma oral. Intentad utilizar respuestas complejas con justificaciones y una variedad de tiempos verbales.**

Ejemplo:

En mi ciudad hay bastante suciedad pero antes había más. Cuando era pequeño siempre había muchos papeles por el suelo pero afortunadamente la situación ha mejorado y ahora todo está más limpio.

1 ¿Hay mucha suciedad en las calles de tu ciudad?

2 ¿Cómo son los transportes públicos?

3 ¿Qué harías para mejorar los transportes públicos de tu ciudad?

4 ¿Hay muchos atascos en tu ciudad?

5 ¿Hay suficientes parques en tu ciudad?

6 ¿Crees que es más saludable vivir en el campo o en una ciudad?

4 Lee el texto y responde a las preguntas.

La pesadilla de los chicles en las aceras

Los historiadores dicen que el consumo de chicle se remonta a la época de los Mayas, que los masticaban para limpiarse los dientes. Los chicles que consumimos hoy en día son muy diferentes en cuanto a forma y sabor y están a la disposición de todo el mundo, lo cual genera un problema, ya que en demasiadas ocasiones acaban pegados en las aceras.

Este problema se presenta en el centro de muchas ciudades grandes, y en algunas de ellas es alarmante ya que el 30% de las aceras están cubiertas de chicle. Limpiar los chicles de las aceras es difícil y caro. El coste de limpiar un chicle puede ser hasta cuatro veces mayor que el del propio chicle y además se requieren máquinas especiales que funcionan con una mezcla de vapor y productos químicos.

Otro problema que genera esta cantidad de chicles pegados al suelo es la falta de higiene. Un chicle en el suelo puede llegar a contener más de 50.000 bacterias y éstas se propagan fácilmente a través de los zapatos, mascotas o niños. Un verdadero peligro para la salud.

Envolver un chicle en un trozo de papel y tirarlo a una papelera es un acto fácil pero aún poco natural para muchos. El proceso de concienciar a la gente es lento pero merece la pena.

a ¿Cuándo se empezó a consumir chicle?

Se empezó a consumir chicle en la época de los Mayas.

b ¿Cuál es la parte negativa de consumir chicle?

c ¿Dónde es peor el problema de los chicles en las aceras?

d ¿Por qué es un problema limpiar los chicles de las aceras?

e ¿Cómo se limpian los chicles de las aceras?

f ¿Por qué son poco higiénicos los chicles en las aceras?

1 🔤 **Decide en qué contenedor deberíais tirar las siguientes cosas.**

Papel y cartón	*un periódico*
Plástico	
Vidrio	
Aluminio	
Residuos orgánicos	
Desechos no reciclables	

una lata de refresco	una botella de limonada	~~un periódico~~
la cáscara de un plátano	un vaso roto	un cuaderno viejo
un bote de mermelada vacío	una caja de zapatos	
unos calcetines rotos	un bolígrafo que no funciona	

2 🔤 **Completa las siguientes frases con las palabras del recuadro. No necesitas utilizar todas las palabras.**

reciclar		reducir		~~apagar~~
	cuidar	limpiar	cerrar	
cambiar	ahorrar	agua	construir	basura
			vidrio	
desechos		crear	grifo	malos hábitos
	luces			
medio		ambiente	energía	naturaleza

a Yo siempre intento ....*apagar*........... la lámpara de mi escritorio cuando no estoy en mi habitación.

b Mi hermano tiene muchos ...., nunca recicla y desperdicia agua todo el tiempo.

c Muchos jóvenes quieren .... energía pero no saben cómo.

d Cuando me lavo los dientes siempre cierro el .... para gastar menos

....

e Es importante .... algunas malas costumbres que todos tenemos.

f Separar los .... y tirar el .... en el contenedor adecuado es súper fácil.

g Una forma fácil de .... la cantidad de .... que utilizamos es caminar en vez de ir en coche.

3 **Pon las siguientes frases en la forma negativa. Acuérdate de que los verbos en imperativo cambian cuando la frase es negativa.**

a Pon toda la basura en el mismo contenedor.

No pongas toda la basura en el mismo contenedor.
....

b Ve a todas partes en coche, muchas veces es más lento que ir andando.

....

c Desperdicia agua en la ducha.

....

d Haz cosas que dañen el medio ambiente como tirar basura a los ríos.

....

e Sé perezoso y ve siempre en coche a todas partes.

....

f Malgasta agua al cepillarte los dientes.

....

g Tira papeles al suelo.

....

4 **Lee el siguiente texto y contesta a las preguntas en tu cuaderno.**

Ahorrar agua es algo que debe preocuparnos a todos. En muchos casos es solo cuestión de cambiar algunos hábitos de consumo que pueden tener un gran impacto medioambiental y en nuestros bolsillos. Afortunadamente existen maneras de gastar menos agua que todos podemos poner en práctica. Aquí tienes algunas de ellas:

En la cocina
Lava las frutas y verduras en una taza y guarda el agua que usas para lavar frutas y verduras y reutilízala para regar tus plantas.

Usa el lavavajillas o la lavadora sólo cuando estén llenos.

No friegues bajo el grifo. Llena una pila para enjabonar y otra para aclarar. Así ahorrarás hasta 100 litros de agua cada vez.

Utiliza el mismo vaso o la misma botella para tomar agua durante todo el día. Así tendrás menos cosas para lavar.

En el baño
Dúchate en vez de bañarte. Consumirás la mitad de agua.

Intenta reducir el tiempo de la ducha. Un minuto menos supone un ahorro muy importante de agua.

Cierra el grifo al lavarte los dientes.

Si necesitas dejar el grifo o la regadera abiertos para tener agua caliente, coloca un recipiente debajo y guarda el agua para regar las plantas.

No utilices el inodoro de papelera. En vez de tirar pañuelos de papel en el inodoro y tirar de la cadena tíralos a la basura.

Preguntas:

a ¿Quién debe ahorrar agua? *Todos deben ahorrar agua.*

b ¿Qué beneficios tiene ahorrar agua?

c ¿Qué consejo(s) hace(n) referencia a reducir la cantidad de agua que utilizamos en la cocina?

d ¿Qué consejo(s) hace(n) referencia a reutilizar el agua en la cocina?

e ¿Qué consejo(s) hace(n) referencia a reducir la cantidad de agua que utilizamos en el baño?

f ¿Qué consejo(s) hace(n) referencia a reutilizar el agua en el baño?

g De todos los consejos, ¿cuál te parece el más eficiente?

h ¿Cuál te parece más original?

5 **Decide qué consejo le daríais a estas personas. Escribe un consejo para cada persona e intenta dar al menos una razón.**

Ejemplo:

A una persona que utiliza demasiada electricidad – No utilices tanta electricidad ya que tiene un impacto negativo en el efecto invernadero.

a A una persona que utiliza demasiada agua

....

b A una persona que siempre tira los papeles al suelo

....

c A una persona que siempre va en coche a todas partes

....

d A una persona que no separa la basura

....

e A una persona que no recicla papel

....

f A una persona que compra demasiadas cosas

....

g Al jefe de una fábrica que contamina mucho

....

1 Con tu compañero/a explica cómo se saluda la gente en estos países. ¿Y en tu país? ¿Cómo se saluda la gente?

~~Gran Bretaña~~	Italia	España	Francia

~~darse la mano~~	abrazarse	darse (dos) besos en la mejilla

Ejemplo:

En Gran Bretaña la gente se da la mano.

....

....

....

....

2 ¿Cuáles son tus prioridades cuando viajas a un país extranjero? Numero la orden de preferencia lo que más te interesa. Después comunica tu respuesta a los compañeros/as de clase.

a Conocer las tradiciones ☐

b Comprar en los mercados ☐

c Saborear platos típicos ☐

d Disfrutar del paisaje ☐

e Visitar museos ☐

f Hablar con la gente ☐

g Ir de compras ☐

h Disfrutar del sol y de la playa ☐

i Subir a una montaña ☐

j Escuchar la música tradicional del país ☐

k Descubrir nuevos lugares ☐

l Asistir a una fiesta típica del país ☐

m Visitar monumentos ☐

3 Escribe el país para cada nacionalidad.

a Adrien es francés. Adrien es de ....Francia...

b Christian es británico. Christian es de ....

c Andrea es alemana. Andrea es de ....

d Marcela es colombiana. Marcela es de ....

e Akira es japonés. Akira es de ....

f George es australiano. George es de ....

g Gunilla es sueca. Gunilla es de ....

4 **Revisión del pretérito perfecto compuesto. Completa los espacios en blanco con la forma correcta del pretérito perfecto compuesto.**

a ¿ .....Has traído.... (traer) las fotos de tu viaje a Panamá? Queremos verlas.

b Hoy .... (ir) a Granada. Me .... (gustar) mucho la Alhambra y el Generalife.

c Hace mucho ruido y .... (abrir) la puerta . ¿Puedes cerrarla por favor?

d .... (recibir) la carta de mi amigo en Inglaterra. Dice que va a venir en verano.

e .... (ver) que tienes amigos por todo el mundo, incluso en Australia. ¿Crees que podemos viajar allí este verano?

f Me .... (decir) que el restaurante mexicano está cerrado. Podemos ir a un vegetariano si quieres.

g ¿Qué .... (hacer)? No .... (poner) la leche en la mesa.

h Se .... (romper) la silla del comedor. ¿Crees que podemos arreglarla?

5 **Lee el siguiente texto y contesta a las preguntas.**

Antonio y Alicia, los californianos

Antonio se mudó hace dos años a Los Ángeles con su mujer desde la ciudad de Monterrey en México. La vida en Estados Unidos fue al principio un poco difícil, ya que para moverse por la ciudad de Los Ángeles tenía que conducir todo el tiempo, incluso para ir a un restaurante o a las tiendas de comestibles.

En Los Ángeles mucha gente habla español, por lo que no fue un problema adaptarse a la cultura y a la comida de la ciudad norteamericana. Antonio, que trabajaba para una empresa de viajes internacionales como agente de viajes, se integró en seguida, acostumbrándose al rápido estilo de vida de trabajo americano, dedicando muchas horas a sus clientes y dándoles un buen servicio, con consejos sobre el papeleo de los pasaportes, las visas o los lugares turísticos que podían visitar.

Antonio ya hablaba inglés, aunque su fuerte eran los clientes hispanos que llegaban a la agencia de viajes. Su mujer, Alicia, tuvo que ponerse a estudiar el idioma, ya que sus conocimientos eran básicos y lo necesitaba para encontrar un trabajo decente en la ciudad.

Adaptarse al clima no fue un problema. Los inviernos californianos eran suaves, como los de Monterrey, y los veranos también. Los fines de semana disfrutaban del sol y de la playa y rápidamente hicieron amigos mexicanos y norteamericanos con los que salían para ir al cine o a un restaurante.

Alicia encontró un trabajo después de mejorar el inglés y pasado un tiempo los dos decidieron irse a vivir a las afueras de Los Ángeles, en una casa con piscina y un pequeño jardín. Añoraban Monterrey y sus familiares en México y por eso iban a menudo a visitarlos.

Antonio y Alicia, "los californianos", les llamaban sus amigos. Y así se les quedó el apodo. Sí, los californianos.

a ¿Cuándo se mudó Antonio a Los Ángeles?

Antonio se mudó hace dos años a Los Ángeles.

b ¿Cómo fue al principio la vida de Antonio en los Estados Unidos?

....

c ¿Cómo se adaptó Antonio a la cultura y a la comida de la ciudad norteamericana?

....

d ¿Cuál era la profesión de Antonio?

....

e ¿En qué consistía el trabajo de Antonio?

....

f ¿Cómo era el clima en la ciudad californiana?

....

g ¿Cómo se llamaba la mujer de Antonio?

....

h ¿Dónde decidieron irse a vivir pasado un tiempo?

....

i ¿Con qué apodo les llamaban los amigos a Antonio y Alicia?

....

6.2: Comida, tradiciones y costumbres

1 **Escribe de qué país son los siguientes platos. Busca los que no conoces en Internet.**

| ~~burritos~~ | empanada | ceviche | feijoada | paella |

Ejemplo:

Los burritos son de México.

....

....

....

....

....

2 **Busca en la sopa de letras ocho tipos de comida del cuadro.**

| burritos | marisco | langosta | camarones | paella | rape | ceviche | pollo |

C	J	Z	C	T	N	J	E	Y	G	Z	O	R	C	U	S	N	C
B	A	S	T	K	Y	P	F	E	B	V	B	A	F	C	D	S	F
F	U	M	U	L	K	P	R	Q	B	N	X	Q	K	I	C	G	T
T	D	R	A	Z	E	H	A	X	A	D	U	Y	X	S	E	I	I
Q	S	S	R	R	G	Q	P	E	Z	Q	Y	J	N	U	Z	N	C
Y	V	K	X	I	O	D	E	P	L	W	K	V	A	C	I	P	E
N	K	P	P	I	T	N	P	C	N	L	W	O	S	L	L	O	V
Q	W	J	B	S	W	O	E	O	G	O	A	D	V	H	U	L	I
C	I	P	D	R	L	Y	S	S	M	X	U	K	L	J	F	L	C
C	R	A	C	B	V	O	J	D	V	X	C	A	J	C	U	O	H
W	I	B	M	N	T	L	A	N	G	O	S	T	A	Y	T	P	E
L	I	R	M	A	R	I	S	C	O	J	H	V	T	G	E	G	V

3 🔵 **Con tu compañero/a, habla sobre el significado en español de los tipos de café de la caja de texto.**

café con leche	café solo	cortado	café leche leche	barraquito
café con leche con azúcar		café solo largo	capuchino	café con hielo

Ejemplo:
El café solo no tiene leche.

4 **Contesta a las siguientes preguntas sobre la rutina de comidas en tu país. Escribe tus respuestas.**

Ejemplo:

Por la mañana desayuno a las ocho.

¿A qué hora desayunas por la mañana?

....

....

¿A qué hora comes al mediodía?

....

....

¿A qué hora meriendas por la tarde?

....

....

¿A qué hora cenas por la noche?

....

....

5 **Lee el siguiente texto sobre la gastronomía italiana y crea una lista en tu cuaderno con los platos que se mencionan.**

En Italia son famosos los helados. Los hay de todo tipo. De vainilla, de chocolate, de fresa, de frambuesa o de limón. También es muy famosa la pizza y la pasta y en cada región se cocina de forma diferente. La gastronomía de nuestro país es muy variada y es tan buena que es conocida en todo el mundo. La polenta, el risotto y las focaccias son también muy famosas. Además, nos encanta cocinar nuestra propia salsa, aunque lo que más me gusta de nuestra gastronomía es la variedad de panes, como por ejemplo la ciabatta, los panini, el pan toscano... Y no os olvidéis de los quesos, como por ejemplo el gorgonzola, la mozzarella o el ragusano.

Y para terminar los postres. Antes he hablado de los helados pero también tenemos tiramisú, sorbetes, la macedonia o los profiteroles.

6 Completa las frases con la forma gramatical correcta.

a Ayer hacía buen tiempo en Barcelona pero hoy ....._está lloviendo_..... (llover)

b Hacía tanto calor en la ciudad que pusimos el aire acondicionado y ahora .... (hacer frío) en la oficina.

c Está despejado. No necesitamos el paraguas. Nunca .... (llover) aquí en el sur.

d Había tanta niebla en la carretera que no pudimos ver nada. Menos mal que

no .... (haber viento).

e .... (nevar) tanto que no pudimos salir. Las calles estaban llenas de hielo.

f Hoy está nublado. Ayer .... (estar nublado) y mañana va a estar nublado otra vez. Siempre tenemos el mismo tiempo en el norte de España en invierno.

1 🔤 **Indica a qué lista pertenecen las siguientes palabras sobre tecnología.**

| portátil | tableta | chatear | móvil | escribir un correo electrónico |
| subir fotos a una red social | | ordenador | | |

Objeto	Acción
portátil	

2 **¿Qué puedes hacer con un portátil? Indica con una marca lo que se puede hacer con un portátil.**

Nadar	☐	Comer	☐
Chatear	✓	Montar vídeos	☐
Escuchar música	☐	Jugar a videojuegos	☐
Leer el correo	☐	Hacer los deberes	☐
Dormir	☐	Andar	☐
Hablar por Skype	☐	Mirar una película	☐
Hacer *multitasking*	☐	Hacer deporte	☐
Copiar fotos	☐		

3 **ABC XYZ** ¿Qué tipo de tecnología usas? ¿Cómo usas la tecnología en tu vida diaria? *(para chatear, para ver películas …)* ¿Con qué frecuencia la usas? *(una vez al día, tres veces a la semana …)* ¿Cuántas horas la usas? *(dos horas al día, seis horas al mes …)* Habla con tu compañero (a).

4 **ABC XYZ** Coloca las siguientes palabras en la casilla de ventajas o desventajas sobre el uso de las nuevas tecnologías. ¿Y tú, qué piensas?

multitasking	comprar por Internet	distracción	cultura
inseguridad	conexión social	trabajo en grupo	estrés

Ventajas	Desventajas

5 Completa el ejercicio con la forma correcta del pretérito imperfecto del subjuntivo en las siguientes frases en condicional con la persona que se indica al principio de la frase.

a ellos: Si .... tuvieran .... / .... tuviesen .... (tener) más tiempo, podrían venir a ver la película con nosotros.

b nosotros: Dicen que si .... (nadar) más a menudo en vez de jugar al ordenador perderíamos peso muy fácilmente.

c yo: Si .... (hacer) los deberes que me tocan en el portátil, podría salir contigo por la tarde el sábado.

d vosotros: Si .... (desayunar) más pronto, tendríais tiempo para copiar las fotos de la presentación del viaje a Australia.

e tú: Si .... (venir) esta tarde podríamos hacer chocolate con churros con la aplicación que tengo en la tableta.

f ella: Si .... (dibujar) mejor podría presentarse a un concurso para una revista digital.

1 **Busca las palabras relacionadas con el tema de la globalización del cuadro.**

D	J	Z	U	S	F	K	I	M	D	R	Z	S	Z	G
E	C	R	D	P	R	O	S	P	E	R	I	D	A	D
S	T	R	E	Y	W	C	G	F	S	P	B	D	P	S
I	Q	H	E	S	G	O	Q	K	E	R	F	K	I	Q
G	R	A	Q	C	G	S	F	R	M	O	L	V	B	F
U	I	I	B	W	I	B	E	P	P	G	N	F	I	M
A	Q	A	S	X	I	M	A	I	L	R	B	F	X	Z
L	U	B	J	N	L	G	I	Y	E	E	G	B	P	P
D	E	O	F	H	U	Y	R	E	O	S	N	N	J	D
A	Z	D	Q	J	B	G	U	G	N	O	O	M	K	A
D	A	K	L	T	C	Z	L	P	A	T	X	M	F	C
F	M	B	A	I	Z	O	P	R	I	B	O	Z	A	X
C	O	N	T	A	M	I	N	A	C	I	ó	N	F	M
O	W	M	F	Q	K	I	A	R	K	O	V	F	Y	B
L	F	C	E	D	N	S	P	O	B	R	E	Z	A	X

contaminación	crecimiento	prosperidad	desempleo
pobreza	progreso	desigualdad	riqueza

2 **Coloca las siguientes opiniones sobre la globalización en la tabla.**

Estamos conectados todo el día y esto es bueno ya que nos permite estar abiertos al mundo.

La economía globalizada lleva a la pobreza a muchos países.

Los móviles y la red han cambiado las relaciones sociales entre los jóvenes.

La economía es muy veloz gracias a las nuevas tecnologías.

El medio ambiente sufre con la globalización.

Los sueldos en muchos países siguen siendo muy bajos.

Hay libre intercambio de información y esto me encanta.

El calentamiento global debido a la producción globalizada es un problema muy grande.

Ventajas	Desventajas
Estamos conectados todo el día y esto es bueno ya que nos permite estar abiertos al mundo.	

3 (ABC XYZ) **Coloca la palabra correcta del cuadro en los espacios en blanco del siguiente texto.**

reciclaje	salud	contaminación automovilística
cuidar	ahorrar	
transporte		
contaminado	~~problemas~~	habitantes

Los ....problemas........ del medio ambiente en nuestro mundo son evidentes. La

.... de nuestras ciudades nos lleva a un aire .... que es muy

malo para la .... de sus .... Es importante utilizar métodos de

.... público y potenciar el uso de la bicicleta. Ir en coche por la ciudad no es la

mejor solución. Otras soluciones para mejorar el medioambiente pasan por el ....

y .... en el uso del agua y la electricidad. Es importante que todos luchemos por

.... nuestro mundo.

4 Busca las letras apropiadas que faltan en las siguientes palabras relacionadas con la globalización.

a   gu.e.rr.a.

b   ep.....demi.....

c   d.....re.....hos hu.....an.....s

d   e.....ergía n.....clear

e   t.....rre.....oto

f   d.....semple.....

g   i.....cendi.....s fo.....es.....ales

h   efe.....to in.....erna.....ero

i   in.....ig.....ación

5 Completa las frases con los siguientes pronombres relativos.

| cuya | cuyo | con quien | lo que | sobre la cual | ~~la que~~ |

a   La hermana de Inés, ...la que............ tiene una casa tan bonita, es mi mejor amiga.

b   El autobús, ... rueda pinchó en la carretera, era muy viejo.

c   Francisco es el chico .... fui al mercado por la tarde a comprar.

d   La silla, ... respaldo estaba roto, me la vendió un amigo mío.

e   La película, ... hemos hablado en clase, es simplemente fantástica.

f   .... ocurrió la semana pasada no tiene importancia para nosotros.

6 Busca y escribe soluciones para los siguientes problemas en el mundo. Utiliza la expresión "para evitar".

| guerra | desempleo | polución | efecto invernadero | energía nuclear |

Ejemplo:
Para evitar la guerra, tenemos que trabajar por la paz.

a   ....

b   ....

c   ....

d   ....

Acknowledgements

The authors and publishers acknowledge the following sources of copyright material and are grateful for the permissions granted. While every effort has been made, it has not always been possible to identify the sources of all the material used, or to trace all copyright holders. If any omissions are brought to our notice, we will be happy to include the appropriate acknowledgements on reprinting.

1.6_5 adapted from article 'Los jóvenes hacen cada vez menos deporte' by Ana Pantaleoni, Ediciones El País S.L., 2009

Cover Michelle Chaplow/Alamy Stock Photo; 4.1_7 top Ariel Skelley/Getty Images; 4.1_7 bottom antoniodiaz/Shutterstock

95